# 私たちの広島サミット

―被爆地から核廃絶を訴える

G7広島サミットを考えるヒロシマ市民の会　編

日本機関紙出版センター

# はじめに

「G7広島サミット」の会場となったホテルは、広島湾に浮かぶ宇品（うじな）島にあります。かつて、ここ宇品の地には旧陸軍の船舶司令部が置かれ、あまたの若者が戦地へと送り出されました。日本軍最大の輸送基地となった宇品。そこには無謀な戦争に突き進み、破滅した国の足跡が刻まれています。

最も戦争のむごさを伝える被爆地で、帰らぬ人たちを見送ったこの地で、各国の首脳が集まり話し合った内容は、核兵器の威嚇によって他国を抑えつける「核抑止力」論への執着とウクライナへの軍事支援を柱とする軍事ブロック強化でした。

「胸がつぶれるようです。死者に対する大きな罪だ」（カナダ在住の被爆者、サーロー節子さん）、「被爆者にもふれず、核兵器禁止条約にも触れなかった。被爆者を裏切るものだ」（日本被団協、田中熙巳代表委員）。被爆者や核廃絶を願う多くの市民から痛烈な批判が噴出しました。

「G7広島サミット」で核廃絶に向けた前向きなメッセージを発信してほしい、そんな思いから、さまざまな団体や個人が声をあげました。「G7広島サミットに被爆地の声を」この願いで新たなつながりや共同がひろがりました。それは、必ず「核兵器廃絶」へ向けての大きな財産になると確信しています。その営みの一つの結実が本書の出版につながりました。

2017年に採択された核兵器禁止条約は署名国92カ国、批准国68カ国に達し、条約参加を求める地方議会の意見書は、661議会に達しています（2023年8月6日現在）。また、被爆者をはじめ、各界・各層の代表が呼びかけた日本政府に条約署名・批准を求める署名は累計で、1304万4019人分が外務省に提出されました（2023年7月5日）。日本被団協が取り組む同様の署名も、すでに109万8810人分が提出されています。核兵器禁止・廃絶へと歴史は着実に動いています。

2019年、中米カリブ海の島国セントビンセント・グレナディーンは、核兵器禁止条約に批准しました。同国のラルフ・ゴンサルベス首相は、その年の国連総会で次のように演説しました。「大きく豊かで強力な国々の目に、（小国は）どうでもいい小石のように映ってきた」「（しかし、今や大国は）長きにわたり届かなかった声——人民と進歩、共同と（国連の）原則を代表する私たちの声——に耳を傾けなければならない」

セントビンセント・グレナディーンの国土面積は、東京23区の3分の2ほどです。国際政治で大きな影響力を持っていたわけでもありません。しかし、この格調の高い、自信に満ちた「小さな国」の演説は、世界がいま、大きく変わりつつあることを示しました。

核兵器の交渉は長い間、アメリカ・旧ソ連の両大国が主導権を握っていました。しかも、その中身は、核兵器廃絶ではなく、核独占体制の維持や核軍拡競争のルールづくりにすぎませんでした。それだけに、核兵器禁止条約が2017年、国連加盟国の圧倒的多数の賛成で採択されたことは、交渉の「主役」が一握りの大国（G7サミット＝「主要7カ国首脳会議」）から、大小を問わない多数の国々と市民社会に「交代」したことの証でもありました。私たちは、「一握りの大国」に世界の未来を託すことはできません。

地球的規模での気候変動の危機を止めようと、世界で多くの市民・若者が立ち上がっています。日本でも世界でも若者たちが、被爆者の声と意思を受け継いで行動しています。ここにこそ、未来への展望があります。

「日本をめぐる安全保障環境の変化」という枕詞がつけば、「大軍拡」「核共有」「自衛隊施設の強靭化」など、何でもありなのかという今の時代。「G7サミット」も同じでした。「G7サミット」という枕詞で、すべてが優先され、制限されました。「お国のために」という枕詞で「非国民」とののしられ、多くの命が奪われた過去の歴史を決してくり返してはなりません。

本書をお読みいただいたみなさん、本書には、核兵器の威嚇によって他国を抑えつける「核抑止力」への怒り・「核廃絶」という歴史の流れに逆行する大国の横暴に対する痛烈な批判とともに、それを打開する未来への展望が記されています。多くの方に本書を勧めていただくようお願いいたします。

最後に、本書の出版にあたり、ご援助いただいた日本機関紙出版センターの丸尾忠義様と表紙のデザインを担当いただいた「パンパカンパニ」のみなさんに感謝申し上げます。

２０２３年８月６日　被爆７８年の日に

Ｇ７広島サミットを考えるヒロシマ市民の会・共同代表　神部　泰

〈もくじ〉 私たちの広島サミット 被爆地から核廃絶を訴える

はじめに 神部 泰 —— 2
足立修一 G7サミットを広島で開催したことにより核廃絶は前進したか —— 8
安彦恵里香 風化にあらがう —— 13
岡島由奈 G7広島サミットに向けて行った署名活動から学んだこと —— 18
岡久郁子 手立てを尽くして、「黒い雨」被爆者の救済を —— 23
忍岡妙子 核兵器廃絶の声を私たちはあげ続けます —— 31
神部 泰 平和への共同をさらに強く、大きく —— 36
小山美砂 空っぽだった「広島」 都合よく利用させないために —— 43
佐久間邦彦 広島のこころを踏みにじったG7「広島ビジョン」 —— 49
佐々木猛也 ヒバクシャは、そして、われわれ広島市民は、「広島ビジョン」を拒否する！ —— 55
佐藤 優 座して待っているだけでは平和はこない —— 63
サーロー節子 次の時代を創るのは市民社会の人びとの意思と行動 —— 68
瀬戸麻由 小さな声とG7サミット —— 74
高東征二 「黒い雨」運動にかかわって —— 78
高橋悠太 核なき世界を日本から！ 市民社会はとまらない —— 85
田中美穂 『社会を変える言葉を持つ』 —— 92

辻　隆広　『はだしのゲン』削除・「ひろしま平和ノート」問題にG７の本質が――98
寺本　透　今って平和なん？　子どもたちと考えたG７――102
難波健治　岸田首相・松井市長は広島をどうしようとしているのか――109
平岡　敬　「広島ビジョン」に異議あり――115
藤川晴美　「このままでいいの⁉」を行動に‼　再び戦争する国にさせないために――119
藤中　茂　子どもたちに安心と未来への希望を創り出すために――126
舟橋喜惠　大騒ぎのG７広島サミット！　核廃絶はどうなる――131
箕牧智之　世界の政治家に進めてほしい「核なき世界」――136
宮崎園子　「平和サミット」で奇しくも感じた「戦争の空気」――140
村上厚子　66回目の平和行進で核廃絶訴えて、元気に行進――145
望月みはる　被爆者の生活史は、核兵器の廃絶を訴える――149
森　眞理子　被爆地ヒロシマから大軍拡NO！　子どもたちに平和な未来を！――154
森　芳郎　「安保3文書」強行で、増強に拍車がかかる呉基地の現状――158
矢野美耶古　被爆者は黙らない――165
山田寿美子　核兵器廃絶実現！となるまで生き続けてこそ――172
渡部朋子　G７広島サミットは終わらない――177
本書に寄せて　川崎　哲――180

# Ｇ７サミットを広島で開催したことにより核廃絶は前進したか

核兵器廃絶をめざすヒロシマの会（ＨＡＮＷＡ）代表・弁護士　足立修一

## Ｇ７首脳は核兵器が使用された広島での現実・被爆の実相を見たのか

Ｇ７サミットを広島で開催し、そこで、２０２３年5月19日に発出された「Ｇ７広島ビジョン」では、以下のように述べる。

We reaffirm our commitment to the ultimate goal of a world without nuclear weapons with undiminished security for all, achieved through a realistic, pragmatic and responsible approach.（外務省仮訳・「我々は、全ての者にとっての安全が損なわれない形で、現実的で、実践的な、責任あるアプローチを通じて達成される、核兵器のない世界という究極の目標に向けた我々のコミットメントを再確認する。」）とした。

しかし、広島で初めて開催されるＧ７サミットでは、これまでと同じレベルの声明（核兵器を究極的に廃絶すると宣言するだけ）では不十分なものであったと言いたい。時限を切らないなら、いつまでも持っていてよいことになってしまうから。

核兵器は、絶対悪であり、存在自体が許されるものではない。

世界で初めて、戦争において敵国を攻撃する手段として核兵器が使用された広島での現実・被爆の実相を見れば、そのことは一目瞭然になるはずと私は考えてきた。

G7首脳が、原爆資料館の見学を行う、被爆者の話も聞くとの報道に接し、なんらかの進展を期待した。けれども、現実は残酷なものであった。これまでのところ、G7首脳は資料館の本館に行っていないと報道されている。

私は、改めて資料館の本館にはどのような展示があるのか、見に行った。

あの日以降、きのこ雲の下で何が起こったのか、広島市街地、その郊外の地域で何が起こったのか、爆風、熱線、放射線（初期放射線、誘導放射線、放射性降下物）により、人々、地域が、どのようになったか、まさに被害の実相が展示されている。

G7首脳が、原爆資料館の本館に行っていない事実は、何を意味するのか？

オバマ大統領（当時）が、2016年5月に来館したときに、展示の一部を資料館の片隅に並べて「見学」したことと同じように、展示の一部を見せたのかもしれない。しかし、それでは、被爆の実相、非人道的結末は伝わらないだろう。

広島の原爆資料館の展示は、原爆による爆撃で広島市が壊滅状態になった事実を示している。

## 国際法違反の原爆投下

事実として、1945年8月10日、大日本帝国は米軍による原爆の爆撃が当時の国際法に反するものであったことを中立国であるスイスを通じて抗議していた。

原爆による爆撃が、当時の国際法にも違反するものであることは、日本の東京地裁が、原爆訴訟判決（下田判決・1963年12月7日）でつとに指摘しているところである。

すなわち、当時の国際人道法であるハーグ陸戦条約や国際慣習法に照らし、「無防守都市に対する原子爆弾の投下行為は、盲目爆撃と同視すべきものであつて、当時の国際法に違反する戦闘行為であるといわなければならない」「広島市及び長崎市が当時地上兵力による占領の企図に対して抵抗していた都市でないことは、公知の事実である」「両市に軍隊、軍事施設、軍需工場等いわゆる軍事目標があつたにせよ、広島市には約33万人の一般市民が、長崎市には約27万人の一般市民がその住居を構えていたことは明らかである。従って、原子爆弾による爆撃が仮に軍事目標のみをその攻撃の目的としたとしても、原子爆弾の巨大な破壊力から盲目爆撃と同様な結果を生ずるものである以上、広島、長崎両市に対する原子爆弾による爆撃は、無防守都市に対する無差別爆撃として、当時の国際法からみて、違法な戦闘行為であると解する」と判示している。

もうひとつ、1996年7月8日の国際司法裁判所の勧告的意見についても見ておきたい。

核兵器の威嚇または使用の合法性について判断をなしたものである。この勧告的意見は、「核兵器の威嚇または使用は、武力紛争に適用される国際法の規則‥に一般的には違反するであろう」とし「国家の存亡そのものが危険にさらされるような、自衛の極端な状況における、核兵器の威嚇または使用が合法であるか違法であるかについて裁判所は最終的な結論を下すことができない」とした。

しかし、当時の日本の敗色濃厚な状況から見て、米国が「国家の存亡そのものが危険にさらされる」状態でなかったことは、公知の事実である。

## アジア侵略の拠点となった軍都廣島

広島でG7が開催される以上、以上のような事実は前提とされるべきであったし、広島で起こった事実の評価はともかく、元になる事実そのもの、被爆の実相に触れれば、4月に公表されていたG7外相コミュニケを超えて、G7首脳の感情が動くかもと期待していた。しかし、結果は、無惨なものだった。期待したのが間違いだったと思い知らされた。

それでも、G7（核保有国3カ国、核共有2カ国、核依存2カ国）の首脳が、原爆資料館の「見学」をしたことは、日本の首相が中国の南京大虐殺記念館に行こうとしない事実に照らせば、まだましかもしれないとも感じるが。

なぜ、日本で原爆が使用されたのか？　なぜ、広島が狙われたのか？

答えの出ない問いかもしれない。

しかし、当時の日本（大日本帝国）は総力戦で戦争を遂行していた。台湾や朝鮮半島など植民地出身者まで巻き込む国家総動員法、国民徴用令など、軍事一色の世の中だった。日本の中の広島という点から見れば、廣島は軍都として、アジア侵略に深くコミットしていた。市街地がすべて軍事施設ではないが、陸軍兵器廠、陸軍被服支廠、東洋工業、三菱重工業などの軍需工場があり、アジア侵略の拠点となった宇品港があった。

広島が原爆の被害を語るとき、広島がアジアの人々に対して加害の歴史も背負っていることを意識しながら、語らなければ、世界の人々、特に中国はじめアジアの人々から支持されないだろう。

## 諦めることなく、核兵器を廃絶させる歩みを続けて

Ｇ７サミットで発出された「広島ビジョン」は、ヒロシマがこれまで否定してきた「核抑止」という考え方を正当なものとして打ち出したが、これには絶対に与することはできない。

今回、ヒロシマの声が、Ｇ７首脳の声にかき消されながらも世界に発信できたこと、ヒロシマを訪問しようと世界の人々の気持ちを動かすことができれば、少しは変わっていく方向もありうるかもしれない。

私たちが、Ｇ７広島サミットの開催で突きつけられたことは、私たちがひとりでも多くの人に理解を求め、私たちの政府の考えを変えてもらわない限り、核兵器の廃絶に向けて進んで行かない、自らの道は自らが切り拓くべしという冷徹な事実・現実であったと感じる。

決して諦めることなく、核兵器を廃絶させる歩みを続けてゆきたい。

# 風化にあらがう

Social Book Cafeハチドリ舎 店主、カクワカ広島発起人　安彦恵里香

今年8月6日、広島は78回目の原爆の日を迎えた。これまでも戦争の記憶の風化が叫ばれてきたが、今年ほどそれを実感する年はないように思う。

## G7広島サミットと平和行政

5月に行われたG7広島サミットで発出された文書「広島ビジョン」には、広島の名を冠しながら「核廃絶」も「核兵器禁止条約」の文字もなく、「核兵器は、それが存在する限りにおいて、防衛目的のために役割を果たす」と、まるで核兵器には抑止力があるかのような文言が空虚に並べられていた。

ガラス張りの平和記念資料館は白い布で覆い隠され中が見えないようになっていて、何を見学したのか？　詳細は非公開。彼らに被爆証言をした小倉桂子さんは、どんな話をしたか？　その反応についてなど、口外しないようにと言われたという。各国首脳が何を見て、どう感じたのか？　それを知ることこそが、広島で開催する意義なのに。

核保有国の首脳たちは、自国の核保有には一切触れず、にこにこしながら美味しいご飯を食べ、観

光し、その内容をしっかりと議論をしたのかどうか定かでない核抑止のビジョンだけを残して広島をあとにした。

核抑止論は将来にわたって核兵器の存在におびえ続けることを約束するようなもの。核の脅威がロシアによってもたらされた今こそ、核保有国と非保有国の垣根を超えて本気で核廃絶を考えなければならない。

広島市内中心部に暮らしていて、この足元には瞬時にして命を奪われた無数の人たちの無念の叫びが眠っているのだと感じている。

核戦力によって無残にも殺された約33万人※の原爆死没者の、その無念の思いと共に発されてきた広島のメッセージ「反戦」「核廃絶」が、岸田首相による「被爆地広島」の政治利用によって、その説得力を失ってしまった。

少し前の2月、広島市の学習教材「平和ノート」からは、『はだしのゲン』「第五福竜丸」「中沢啓治さんの被爆体験」が削除され、新しく改訂されたノートのメインは「核廃絶」から「核軍縮への動き」になった。さらには「アメリカを恨まず許そう」という、一個人の意見まで掲載されている。

パールハーバー国立記念公園（アメリカ）と平和記念公園（広島）の姉妹公園提携も「平和と和解の架け橋」という美しい言葉に、この街に起きた筆舌に尽くしがたい惨禍が覆い隠されてしまっているように感じている。

元広島市長の平岡敬さんの言葉に心の底から賛同する。「アメリカが『原爆投下は間違いだった』と言わない限り、ロシアの核使用示唆を咎められない。原爆投下の責任が明らかになってはじめて、死者は安らかに眠ることができるのではないか」

## 5年間で43兆円の大軍拡

二つ目は、被爆地広島選出の岸田首相が、5年間で43兆円の大軍拡を推し進める軍拡財源法を成立させていること。

「G7広島サミットを機に各国の首脳が被爆の実相に触れ、平和への思いを共有することで『核兵器のない世界』の実現に向けた歩みが確固たるものとなることが期待できる」と言いながら、米国から大量に武器を購入し、合同軍事訓練を行っている。「平和」をうたいながら隣国にけんかを売っているダブルスタンダードの状態だ。

物価は上がり賃金は上がらず、生活はどんどん苦しくなる中で軍拡を優先させる。これが政治と言えるのだろうか。

## 米国の戦争に日本が巻き込まれる危険性

米国防省の中国に対する軍事戦略『エア・シー・バトル構想』は、日本の国土が戦場になることが想定され、この作戦への協力を求められた同盟国日本は、沖縄本島、与那国島、宮古島、石垣島、奄美大島、種子島などの南西諸島に自衛隊基地を次々配備している。

「守るため」だと信じたいが、有事の際、基地は攻撃目標となる。

沖縄県は法に基づき、台湾有事の際の島民147万人の避難計画の策定をしているが、想定をしている時点でその異常さに気づかないのだろうか。

安倍政権以降、主権者である私たちの声が届かない憲法違反の暴走状態が続いている。

太平洋戦争から78年。「二度と繰り返してはならない」と語る戦争体験者が少なくなっているから か…これが風化なのか…と落胆する。

ウクライナ戦争をみていてもわかるように、一度はじまってしまったら、止められないのが戦争。だから、なにより戦争を起こさないようにしなければならない。

人類が生き抜くために必要なのは、戦力を持って力対力で対抗するマッチョなパワーゲームではなく、日本国憲法前文にあるように、互いの命と権利を担保し続けること。

「戦わないから武器はいりません」と近隣諸国に言い続ければいい。そんな〝へなちょこ〟にみえるような外交が、一番多くの人たちの命を救うのではないだろうか。

※原爆死没者名簿登載　33万3907人

# G7広島サミットに向けて行った署名活動から学んだこと

大学生　岡島由奈

## 日本政府のオブザーバー参加を夢見て

核兵器禁止条約の第1回締約国会議を控えた2022年5月下旬。それまで核兵器廃絶の活動を通して出会った人たちが現地に渡航すると知る度に、私は心を躍らせました。同時に、架空の速報が夢にまで出てくるほど、日本政府のオブザーバー参加を強く望んでいました。しかし現実で目にしたニュースは想定外。「G7サミット広島開催」。高校からの帰り道、いつも通りスマホの電源をつけるとそんな見出しのニュースがいくつも流れ込んできました。「今年って日本が議長国なんだ。というか今はそっちじゃなくて締約国会議でしょう…」。そう呟きながらも、「きちんとヒロシマと向き合って、核廃絶に近づくサミットになったらいいな」とぼんやり考えたことを覚えています。「広島が利用されるのではないか」。そんな懸念は、大変恥ずかしいことにその時はちっとも感じていませんでした。

## ここで動かなければ、後悔する

やがて、馴染みのある地元紙でサミットに向けた特集が次々と始まりました。その中でも特に私の印象に残ったのは、昨年11月に出された「首脳と対話　被爆者渇望」という見出しの記事です。2016年、伊勢志摩サミットに先立つ外相会合が広島で開催された際に、広島市が各国要人と被爆者の面会を求めたものの叶わず、ある被爆者の方が「残念な思いしかない」と当時を振り返り、コメントされていたものでした。被爆者の方がご存命の間に、7カ国の首脳が一堂に広島に会するのは最後の機会ではないか―。かねてからそのような思いを抱いていた私は、これまで活動で出会った被爆者の方のお顔を思い浮かべ、首脳たちはなんとしても彼ら彼女らの訴えに耳を傾けてほしいと願うようになりました。

さらに、同じく2016年に当時のオバマ米大統領が広島を訪れた際、資料館に10分間しか滞在しなかったという事実も相まって、サミットへの不安が膨らみました。また、平和運動関係者が「広島が貸座敷にされるのではないか」「パフォーマンスで終わるのではないか」と懸念しているのを耳にし、サミットに対する世間の一般的な潮流に乗ることに危うさを感じるようになりました。「ここで動かなければ、後悔しながらサミットを迎えてしまう」。そう思い、受験が終わり次第アクションを起こそうと決めました。近年、急速に広がっているオンライン署名なら私にも可能で、インパクトも生み出せるのではないかと考えました。

## オンライン署名を立ち上げ、外務省に提出

共通テストを終えた1月下旬、神奈川県に住む友達に、ビデオ通話でサミットに対する私の思いと考えを打ち明けました。彼女とはコロナ禍にオンライン国際交流の取り組みで出会い、互いに悩み

を打ち明け、励まし合うことができる相棒のような存在です。「由奈ちゃんが立ち上げた署名のおかげで、資料館の見学時間が10分から20分に伸びるだけでも意味のあることだと思うよ」。彼女のその言葉は、「どうせ署名をやっても何も変わらないのでは」と正直弱気になっていた当時の私の背中を強く押してくれました。そして、Change.orgというサイトを用いて一緒にオンライン署名を立ち上げることになりました。

同時期に仲間に入れてもらった「核政策を知りたい広島若者有権者の会（カクワカ広島）」のメンバーからの助言も取り入れながら、署名サイトに載せる原稿を作成しました。拙い文章ですが、被爆者の方との面会と資料館の見学をもとに、核兵器廃絶のための具体的な議論をサミットで行ってほしいという思いを込めました。さらに多方面から協力を得て、日本語の原稿だけでなく、英語・フランス語・ドイツ語・イタリア語のG7各国言語に翻訳した原稿も用意しました。タイトルは「〜Meet&Learn〜 G7各国首脳が被爆者の方と面会し、資料館を十分に時間を取って真剣に見学するように求めます」。そして、Change.orgのスタッフさんの協力のもと、3月1日に署名の受付を開始しました。わずか3日で1万人を超える賛同が集まり、関心の高さを実感しました。特に多くの共感の声が寄せられたのは、原稿内で岸田首相が平和へのコミットメントを示すために被爆地でのサミット開催を決定したことに触れ、「首脳たちがただ被爆地に集まり、写真を撮り、従来通りの議論を行うことが『平和へのコミットメント』だとは思いません」と綴った部分です。署名の提出先は、外務省内に設置された「G7広島サミット事務局」に決定しました。サミットの内容をコーディネートするであろう事務局に対して直接声を届けることが、一番効果的だと考えたからです。外務省へ電話とメールを重ね、国会議員の力もお借りし、提出する場を設けていただけることになりました。

3月27日。前日まで大雨が降り続いた霞ヶ関。外務省内の奥に位置する部屋で、絶え間ないシャッター音に気を取られないよう自分自身に言い聞かせながら、私たちは担当の首席事務官に訴えました。「このサミットを政治的パフォーマンスで終わらせるのではなく、広島の地で、目で見たこと、耳で聞いたことをもとに核兵器廃絶のための具体的な行動を議論する場としてください」

3月26日午前9時までに国内外から2万1319人の賛同が寄せられた、ずっしりと重みのある署名簿を首席事務官に手渡しました。「この重みをしっかりと感じたい」という反応がありました。

## 核兵器のない世界を絶対に諦めない

サミット当日、私の目は広島市内の青少年センターに設置されたNGOブースで配信されていた中継に釘付けになっていました。資料館から退出した首脳たちの表情は重たく、何か伝わったのかもしれないと期待しました。ここで見たこと、聞いたことをもとに、この後出されるであろう文書の内容が少しでも良い方向に変わることを願わずにはいられませんでした。

しかし現実は、望みとは真逆でした。首脳たちが資料館を見学した夜遅くに発出された広島ビジョンを読みながら呆然とし、様々な感情が湧き上がってきました。「私は何のために署名活動を起こしたのだろう」「ここまで変わらないものなのか」「また被爆者の方たちを落胆させてしまった」。後に資料館の本館は見学せず東館のみに足を運び、展示も米国の指示によって選別されたもののみであったことを知り、余計悔しさが押し寄せてきました。

世界中どこでどんな国際会議を開いたとしても、核抑止を認める文書が出されることは許せません。しかし特に、被爆地の土地を踏んだ後に、核抑止を正当化する言葉が発せられたことはなおさら許せません。非常に暴力的で、被爆者を含む多くの人々を蔑ろにしたと憤りを感じています。岸田首相がサミットを広島で開くと決断したとき、核廃絶に向けて血の滲むような歩みを進めてきた被爆者の方たちや、声をあげてきた市民社会の人々の顔はきっと彼の脳裏にはよぎらなかったのでしょう。首相は外務大臣時代の経験もありますし、核抑止を追認する結果となるサミットになり得ることは予想できていたはずです。それでも開催地を広島にしようと思ったのはなぜなのでしょうか。国際平和都市・広島という地を利用した首相のパフォーマンスのためだったと思わずにはいられません。

私たちが望んでいることは、核抑止の正当化でもなく、核兵器廃絶の口約束でもなく、廃絶に向けた本当の行動です。「核兵器廃絶なんてお花畑だ」「現実的に核抑止は必要だ」。そんな声が今も溢れている社会ですが、私は核兵器のない世界を絶対に諦めたくありません。市民社会で生きる一人として、為政者と膝を合わせ、議論していくカクワカ広島の一メンバーとして、核兵器の廃絶と様々な不条理の解決のために、これからも行動します。

# 手立てを尽くして、「黒い雨」被爆者の救済を

「黒い雨」第2次訴訟原告団長　岡久郁子

2023年7月18日、第2次「黒い雨」訴訟が始まりました。弁護団長の足立修一さん、原告団長の私がそれぞれ「意見陳述」を行いました。

## 画期的だった広島高裁判決　今また国、広島県・市の責任を問う

（1）2020年8月6日の広島市原爆死没者慰霊式並びに平和祈念式典に参加しましたが、松井一實市長の「平和宣言」を思い出します。以下のような言葉がありました。「平均年齢が83歳を超えた被爆者を始め、心身に悪影響を及ぼす放射線により、生活面で様々な苦しみを抱える多くの人々の苦悩に寄り添い、その支援策を充実するとともに、『黒い雨降雨地域』の拡大に向けた政治判断を、改めて強く求めます」

これは同年7月29日の広島地裁判決を踏まえた市長の誠実な姿勢でした。

翌年の7月14日には、広島高裁によって、地裁判決を超える画期的な判決が出されました。

8月6日の「平和宣言」で「黒い雨」が取り上げられた2003年から17年、ようやく広島県・市は「黒い雨降雨地域」を拡大し、被爆者の救済に大きく踏み出そうとしていました。1万3000人いる

「黒い雨」新制度に基づく申請等の状況　（2023年6月末現在）

| | 申請 | 認定 | 却下 | 取り下げ | 審査中 |
|---|---|---|---|---|---|
| 広島市 | 3555 | 3012 | 169 | 19 | 355 |
| 広島県 | 1604 | 1393 | 60 | 7 | 144 |
| 合計 | 5159 | 4405 | 229 | 26 | 499 |
| | | （85.3%） | （4.43%） | | |

却下内訳：黒い雨降雨域外114、疾病要件外103、制度開始前死亡12

と言われる「黒い雨」被爆者を救えるめどが立ちました。

（2）しかし、現状は上の表のとおりです。

この結果は、①新制度に基づく申請が、高裁判決にある「増田自身、実際の黒い雨降雨域が増田雨域より広範であった可能性を示唆している～」を踏まえていない、②「被爆者の認定にあたっては、黒い雨に直接打たれた者はもちろん、黒い雨に打たれていなくても、空気中に滞留する放射性微粒子を吸引したり、飲料水・井戸水を飲んだり、野菜を摂取することで内部被曝による健康被害を受ける可能性」を踏まえていない、③疾病の発症があるかどうかを要件から外したことを踏まえていない、ことによります。

（3）「黒い雨」原爆被害者の会連絡協議会が結成されて45年、「黒い雨」訴訟が提起されて8年。せっかく手にした司法判断が、時の行政のトップによってねじ曲げられていいものか、そういうことが許される社会であっていいはずがないと、再び裁判で問うことにしました。この期に及んでさらに差別・分断を図る国、県・市の責任は大変重いと、強く訴えるものです。

## 被爆者健康手帳の申請書は、まるで「お上意識のカタマリ」

（1）２０２1年10月から原爆「黒い雨」被害者を支援する会では、各地で「黒い雨」による被爆者健康手帳の申請手続きを手伝うため、チラシを作り手配りして、取り組みを粘り強くやってきました。

佐伯区湯来町では、高野正明、牧野一見さんらが中心になって25回以上開催し、約４００人が参加、相談員10人以上が参加して相談会を開きました。私も1年間、毎月のように佐伯区湯来町の公民館にバスに乗って出かけ、応援しました。

廿日市市にも出かけました。そこでは、植木京子、橋本和正さんらが中心になり3回開催。相談者・介助者78人、相談員19人で相談会が行われました。7月16日の相談会は、猛暑のなか地域の人らで８００軒以上にビラを配布し、17人の該当者が訪れました。

その他、私は砂谷小・中学校の出身者に手紙や電話で連絡し、私宅に来てもらったり訪問したりして、1人でも多くを救おうと努めました。

（2）申請手続きを手伝う中で、「『黒い雨』小雨地域にいたが、自分の病弱はそれが原因ではないか。被爆者健康手帳の交付を何度も区役所に頼みに行った」「甲状腺の手術はとっくにした」という声を、あちこちで聞きました。数日前に会った人からは「ガンにやられて、『黒い雨』の手続きをしたいと思っても動けなかった。やっとその方法が分かった」とうれし涙を流されました。

原告らは当時、0歳から12歳の人たちです。その人たちが今、「黒い雨」被爆者認定申請しようとして苦労している点があります。
・黒い雨が降った時間帯
・当時の家族状況
・その家族の死亡年月日
・被爆者がいれば被爆者健康手帳番号
・証人など

家族状況を調べるために、改製原戸籍を入手しようとして、「戸主」の名前が分からなかったという、当時2歳の人もいました。区役所の窓口に行き、調べようとしても教えてくれない、そのためタクシーを飛ばして墓所まで行き、昭和20年8月に亡くなっている祖父の名前を書き留めて帰り、区役所で見せ「それでよい」とされた人もいます。

（3）「黒い雨」被爆者は77年もの間、放置されていたのです。自分の利益になることだから自己申請に任せると突き放していいものでしょうか。被爆者健康手帳の申請書は「お恵みを与えてやるんだ、文句を言わず、手続きのハードルを乗り越えて来い」という、まるで「お上意識のカタマリ」のように見えます。申請者を助けようという気配りが感じられません。

広島県・広島市には、手続きから取り残されている数千人をどう救うのか、方針を示していただきたい。行政が、高齢の、しかも病気持ちの被爆者が死んでいくのを見ているだけでは、あまりに無責任です。

## 私の被爆体験と職場で見た被爆者

（1）父がフィリピンへ出征中、原爆投下半年前に、国鉄工機部で働いていた母の判断で、広島市内から祖母、弟（2歳）、私（4歳）の3人が知り合いを頼って、佐伯郡砂谷村大字白砂字古塚という爆心地から約20㎞の山間地へ疎開しました。そこで「ブヨ」にかまれ痒くて傷だらけになった私たち姉弟は、祖母に連れられ峠を越えて、村の診療所に通っていました。1945年8月6日、診療所に着いた時、広島の方で大きな爆発音がして、間もなく空が真っ赤にただれ、焼け焦げた紙くずやゴミがたくさん降ってきました。珍しいので拾ってみると、新聞の切れ端もありました。診療所からの帰路、私は「黒い雨」に降られた記憶がありませんが、広島市から疎開先の家に帰ってきた母は、祖母から「黒い雨が降ってのう」と聞かされたそうです。

（2）私が20代のとき、尾道市の桑原忠男さんが原爆症認定却下処分の取消を求めて提訴（敗訴）。福島生協病院の医師が証言台に立ちました。30代のとき、石田明さんが、原爆白内障の認定却下処分の取消を求めて提訴（勝訴）。県教組の組合員が傍聴に駆けつけました。40代のとき、長崎の被爆者松谷英子（まつやひでこ）さんが、爆心地より2・45㎞の原爆症認定を求めて提訴。約12年かけて2000年にやっと勝利しました。日本母親大会でも日本被団協でも力を入れ、全国的な闘いにしていきました。

退職後、救護被爆の問題が広島地裁で闘われ勝利しました。それが「黒い雨」訴訟につながったわけですが、広島敦隆弁護士とともに安芸区船越、山根智さんの尽力を忘れられません。

（3）裁判所速記官として法廷に立ち会い、理不尽な状況に異議を唱える被爆者の、身を削りながらの闘いと勇気に接してきました。自分だけが救済されればいいというのではなく、被爆者全体のために先陣を切る覚悟で、それぞれ法廷に立ちました。原爆は、核兵器は、二度と許さないという被爆者援護の活動に取り組んだ幾千万の人々の粘り強い闘い無しに、被爆者の状況は何一つ改善されてこなかった事実を、私は目の当たりにしています。

（4）職場には被爆者がたくさんいました。夏が近づくと、しんどさが増すような状況がありました。いわゆる原爆ぶらぶら病と思われたような人（在職中に前立腺ガンで死亡。家族に被爆の事実を隠していたという）、顔や手に軽いケロイドを残していた人（聡明という言葉がぴったりの女性、在職中に大腸ガンで死亡）、元気はつらつで退職したものの間もなく入院、原爆が起因と思われる病気で死亡した人もいます。

アメリカに自分の人生を「まどうてほしい」という要求は、痛切でした。

## 被爆証言を聴く会ひらいて

職場の労働組合（全司法）は、1982年6月の第2回国連軍縮特別総会（SSDⅡ）に被爆者の広末正司さん（書記官）を派遣。1988年5月のSSDⅢにも土井悦爾さん（事務官）を派遣しました。土井さんは小学校5年生、東白島の3階建ての薬局が自宅でしたが、原爆で下敷きになり、自分は自力で外に出て、通りがかりの兵隊を呼び止め母を助け出した体験がありました。

その頃から、全司法は毎年8月が近づくと、被爆した組合員の証言を聴く会を開き、若い人に被爆体験の継承をはかってきました。また、国家公務員労働組合連合会の女性部が広島で大きな集会を開いたときには、事前学習をして、手分けしながら多数の女性組合員が平和公園のガイドを務めました。

1986年には国連の調査活動に協力して、被爆者アンケートを実施。組合員460名の内、被爆組合員40名、家族に被爆者のいる人34名。被爆後41年たっていましたが、「救護被爆者」「黒い雨被爆者」の意識のない頃の数字です。

## 私の生きる支え

戦争と原爆の被害を受けてきた私の生きる支えは、日本国憲法第9条です。今はこれに「核兵器禁止条約」が加わります。核禁条約第6条の「被害者援助と環境回復」によって、核兵器を使用しようとする国の手足を縛ることになりました。政府には署名し、批准してもらわなくてはなりません。日本は戦争当事国として責任が重く、アジア各国への加害責任を忘れてはならない立場です。しかし、アメリカは原爆という国際法違反の非人道的兵器を使い、広島・長崎で21万人（1945年末までに）を殺しました。その後も放射線被害は続いています。

被爆者は、アメリカ政府に原爆使用の公式謝罪と補償を求めます。日本政府がアメリカに原爆投下への償いを求めないことにしたため、国民負担による社会保障費が充てられています。これは本来アメリカ政府に求めるべきもの。その時代はいつ来るのか。日本とアメリカが核禁条約を批准してからの、その先のまた先の話かもしれませんが、私はこの願いを持ち続けます。

# 核兵器廃絶の声を私たちはあげ続けます

広島市退職婦人教職員の会　忍岡妙子

## 犠牲者の声の代わりに核廃絶署名を届けたい

私は1948年広島で生まれ、小学校教師としての37年間、平和教育に軸足を置いてきました。2009年に退職してからは、広島県被団協で広島に来る修学旅行生への平和公園碑巡りガイドをしています。加えて広島平和記資料館のピース・ボランティア、被爆体験伝承者としても活動しています。合間には原爆ドームのそばで公園来訪者に、原爆について語りながら核兵器禁止条約に日本政府の批准を求める署名活動を続けています。被爆の実相と核兵器の現状・恐ろしさを事実として多くの人に知らせることが大切だと思っています。

2016年4月から核兵器廃絶のためのヒバクシャ国際署名が始まり、私も原爆ドームのそばで呼びかけを始めました。

署名活動をしている原爆ドームから、対岸の木立の奥に原爆供養塔が見えます。名前もわからないままの7万人以上の遺骨が今も保管されています。復興の建築工事や道路工事の中から見つかったお骨です。2432人のお名前の分かった遺骨と一緒に保管され、広島市では毎年、その名簿を広島市・広島県内の公共施設に貼り出し、名前に心当たりのある人は遺骨を迎えに来てくださいと呼びかけ続けています。今現在、813人の名前の分かったお骨が残されています。迎えに来る家族や知人も亡くなったりして、いろいろな事情で引き取り手がないということです。その説明をすると、聞く人の表情に原爆の被害が今に続いていることへの驚きが浮かびます。私は2020年NPT再検討会議までに、原爆の悲惨を訴える術もない犠牲者の声の代わりに7万筆以上の署名を届けたいと思いました。

## 核兵器禁止条約の採択は活動の大きな励ましに

ドームからは公園中央の原爆死没者慰霊碑も見えます。碑の下には33万3907人の原爆死没者の名前が123冊の名簿に記録されておさめられています。この中に1冊、名前のない白紙の名簿があります。お名前が分からないままの7万人以上の遺骨。そしてまだ見つけてもらえないままどこかに埋まっているかもしれない犠牲者のためのものです。年に1回、これらの名簿は全部取り出して市の職員が1ページずつ手でめくって風を当て手入れをしています。これらの平和公園の状況と核兵器の現状、私が研修で知りえた限りの被爆者の証言・資料をまじえて語り署名を呼びかけています。広島という場所で広島の人間が語ることは、強い印象を受け取ってもらえます。私自身も目標を超えて11万1000筆を集めることができました。

国内外から集まった核兵器廃絶を求める署名が後押しとなって、2017年7月7日核兵器禁止条約は国連の場で採択されました。このことは私たちには大きな喜びと希望となりました。採択までの大きな推進力となったICANにその年のノーベル平和賞が授与されました。これら二つのことは私たちの活動の大きな励ましになりました。

コロナ禍でも平和への思いは脈々と繋がれていました。２０２０年10月25日には核兵器禁止条約を50カ国が批准し、２０２０年12月３日にこの署名活動は１３７０万２３４５筆をもって終了し、２０２１年１月22日に条約が発効しました。すでに68カ国が批准していますが、日本は署名も批准もしていません。ヒロシマ・ナガサキ・ビキニと三度も核の被害を経験した日本こそが先頭に立って核廃絶の声をあげるべきだと思います。被爆者の方々を中心として多くの人々の努力によって、「核兵器禁止条約」の発効まで到達したことを力に核廃絶まで何とか実現させたいと心から願い、私たちは改めて、日本がこの条約を批准するよう求めて署名活動を続けていきます。

## 夾竹桃がバッサリ切られた

長く続いたコロナ禍の閉塞状況の中で、社会・政治の状況は「新たな戦前」ともいうべき方向へ加速し、突き進んでいました。そしてロシアによるウクライナへの侵攻という事態さえ引き起こされ、いまだに解決の糸口が見えません。

広島市は、近現代の長い戦争の歴史の中で悲惨な原爆の被害とともに、アジアの国々への侵略戦争の兵站基地の役割を担ってきた地です。その広島市でＧ７サミットが行われることが決められました。

広島で開催するなら、広島の原爆被害をしっかりと知らせ、核兵器廃絶へ方向づけてほしい。そのために被爆者の体験からの声を首脳たちに聞かせ、資料館をじっくり見学し被爆の実相を知らせてほしい。議長国日本は核兵器廃絶に向かう道筋を具体的に示す主導性を持ってほしいと思いました。

しかしサミットへの準備が進められる中で、「これは違う」という違和感もふくらんできました。原爆投下後の焦土広島にいち早く咲き、市の花としても親しまれている夾竹桃がバッサリ切られました。刈り込まれたのは平和記念公園西側の本川沿いに南北約600メートルにわたって植えられていた夾竹桃で、どの木も腰の高さくらいまで撫で切りにされました。

広島市公園課は「サミットを前に伸びた枝や葉の陰に不審者が隠れたり、爆発物が仕掛けられたりするのを防ぐテロ対策」と説明。昨年9月に市と県警が参加国首脳の移動ルートになりうる道路を点検し美観対策も兼ねて沿道や公園周辺の剪定を決めたといいます。本川沿いの夾竹桃約100株は昨年12月中旬に剪定されました。この切り方を見たとき、私たちは茫然としました。広島県警は最大時2万人規模での警備体制で当たるということでしたが、私たちの目に見える最初のテロ対策がこれでした。邪魔物（者）と思われるものは問答無用の抹殺という「サミットありき」の行政の姿勢を見せられました。

もう1件は、G7首脳の伴侶たちへのおもてなし計画が報道された時です。岸田総理夫人が広島市内を一望できる「折り鶴タワー」で各国首脳の伴侶たちをディナーでもてなすという計画が報道されました。原爆ドームを見るなら上から目線でなく、地上の被爆者と同一目線で地獄の惨状を追体験する見方をしてほしい。見晴らしのよい場所でのディナーなら、他に場所はあるでしょう。いずれも広島市民の思いとは乖離していると強く思いました。G7首脳会議の前後、ものものしい警備体制と市民生活への規制が行われました。

## 黙っていては変わりません

Ｇ７サミットでは、あらかじめ準備されていた岸田首相の自画自賛ともいうべき「広島ビジョン」が平和公園で発表されました。

「核抑止論」を「防衛目的に役立つ」と正当化し、核兵器禁止条約に一言も触れることなく、核兵器のない世界を「究極の目標」という言い方で棚上げしました。ウクライナへのロシアの侵攻に対して戦争終結への努力ではなく、武力による制圧に重きが置かれ、被爆地広島の願いに沿うものではありませんでした。また、Ｇ７諸国の中でも日本が基本的人権にかかわる様々な問題で立ち遅れていることも明らかになりました。さらに岸田政権は、この事態に乗じて異次元の軍事費増大を図り、殺傷兵器の輸出も解禁しようとしています。

地球上のどこにも核兵器による惨状を決して繰り返してはならないという私たちの願いを具現化した「核兵器禁止条約」に日本政府が署名・批准するよう、私たちは諦めず声をあげ続け、行動しましょう。

切られた夾竹桃は、また命をつないで健気に生きています。

# 平和への共同をさらに強く、大きく

広島県労働組合総連合議長　神部　泰

## G7サミットに被爆地の声を

昨年（2022年）12月「G7広島サミットを考えるヒロシマ市民の会」は、広島県原水協・広島県被団協・広島県労連・憲法共同センター・新日本婦人の会広島県本部など10団体で結成された。G7に集まる各国は核保有国と「核の傘」に依存する国であり、これまでの発言や核への向き合い方を見る限り、「被爆者や被爆地が期待できるような成果はとても期待できない」、これが私たちのサミットへの正直な思いだった。この頃から、マスコミでもG7サミットが取り上げられるようになり、岸田文雄首相は、「核兵器のない社会の実現」をさかんにアピールし「被爆地から力強いメッセージを発信する」と広島開催の意義を強調した。期待はできない、しかしどうせ広島でやるなら、少しでも核廃絶に向けた前向きなものになってほしい、こんな思いからのスタートとなった。

2月～3月にかけて、広島市や広島県およびサミット事務局に対して「被爆者との懇談、原爆資料館への見学」「核廃絶への具体のメッセージの発信」「核兵器禁止条約への参加」「市民生活への必要以上の制限の排除」等を中心に申し入れを行った。また、外務省のサミット事務局へは直接上京し、同じような要請を行ってきた。

## 「7つの言葉」で核兵器禁止・廃絶を訴え

サミットが直前に迫った5月14日には、「G7サミット広島に被爆地の声を」市民集会を開催し、160名が参加した。広渡清吾さん（日本バグウォッシュ会議会長・東京大学名誉教授）の問題提起、本書にも執筆されている佐久間邦彦さん（広島県被団協）、小山美砂さん（ジャーナリスト）、田中美穂さん（カクワカ広島）および安井正和さん（日本原水協）に登壇いただき、それぞれの立場からの発言でG7サミットへの思いを共有した。広渡さんは、問題提起で「20世紀の二つの世界大戦を反省の材料にしなければ人類は滅びる。1948年第1回国連総会が採択した世界人権宣言第1条は、人類の一人ひとりが、個人として平等の尊厳をもつことを規定した。だれ一人殺さない、だれ一人殺させない、人類にとって当り前のことを貫くことが、被爆地広島が訴えるG7サミットの課題である」と強調した。

サミット中日の5月20日には、広島市内で「G7広島サミットに被爆地の声を」市民デモ行進を開催。交通規制が強化され参加困難な中でも、他県や海外からの参加者を含め250名が参加し、被爆者を先頭に中国語やロシア語を含む「7つの言葉」で核兵器禁止・廃絶を訴えた。「参加者とほぼ同じ数の警察官も参加?して」の行進だったが、海外を含む多くのメディアの取材を受け、大きな注目となった。前日19日に被爆者の願いを踏みにじる「広島ビジョン」が発表されており、ビジョンへの怒りとともに、被爆地は決してあきらめないことを全世界にアピールする熱気に包まれたデモ行進となった。広島県被団協の佐久間邦彦理事長は「核兵器廃絶の日まで被爆者は声をあげつづける」と熱く訴えた。

被爆地は決してあきらめないとアピールしたデモ行進（5月20日）

## 「世界から核兵器はなくせる」広島サミットへ地元紙中国新聞が提言

中国新聞は5月6日付で、先進7カ国首脳会議（G7サミット）に向け、核兵器廃絶に関する提言をまとめた。各国首脳たちに対し、原爆の惨禍を直視し被爆者の訴えを受け止め、世界から核兵器をなくすよう求めている。

提言は「原爆被害の実態に向き合う」「核抑止脱却への道筋を描く」「核兵器禁止条約批准を誓う」「世界のヒバクシャを支える」「核廃絶までG7が引っ張る」の5本柱が中心になっている。それぞれの項目に対して具体的な課題とその補足説明がなされている。「世界のヒバクシャを救う国際基金を創設する」「核使用時にとどまらない放射線被害の広がりを保有国に認識させる」「戦争や紛争の平和的解決へ、外交努力を尽くす決意を示す」など具体的な提案がなされている。

5月7日付の記事には「核兵器禁止条約をはじめとした国際社会の規範に基づき、核兵器も戦争もない平和な世界をつくる責務をG7首脳たちは負っている」と指摘している。この提言は、「中国新聞G7サミット特設サイト」を検索すると現在でも見ることができるので、一読されることをお勧めしたい。

さらに、中国新聞ヒロシマ平和メディアセンター長・金崎由美氏は、5月20日付中国新聞の1面で「『広島ビジョン』と言えるのか」と題し、「このビジョンに被爆地が賛同したと世界に受け止められれば、ヒロシマの訴えは説得力を失うだろう。…核兵器のない世界を目指す気はあるのか」と厳しく指摘している。

多くのメディアが政府の広報かというほどの情報を無批判にたれ流す中で、地元紙の奮闘に敬意を表したい。

## 戦争の足音が聞こえてくる

「新しい戦前」という言葉が聞かれるようになり「戦争が廊下の奥に立ってゐた」（1939年・渡辺白泉作）という俳句を肌で感じる情勢が続いている。

6月21日に閉幕した通常国会では、問題点が浮き彫りになったにもかかわらず、悪法が次々と通過した。とりわけ、昨年末閣議決定された「安保3文書」の具体化として「軍需産業支援法」「軍事財源確保法」が可決した。さらには、政府は「武器輸出」の拡大に向けて、日本が英国、イタリアと共同開発する次期戦闘機を念頭に、同盟国などと共同開発・生産した武器を日本から第三国に直接輸出できるようにする」との方向が示された。憲法の平和主義を踏みにじり、日本を「死の商人」国家にする重大な動きである。

広島県内においては、米軍機の飛行訓練により、昼夜を問わない激しい騒音や低空飛行訓練が繰り返し行われ、米軍岩国基地周辺では、2018年空母艦載機の移転が完了してからの5年間で、米軍機と思われる騒音が急増している。

また、2023年2月27日には広島湾において、日米軍事共同訓練が実施された。世界最初の被爆地ヒロシマのすぐ近くで戦争準備が公然と実施された。さらに、広島市の平和教材「ひろしま平和ノート」から「はだしのゲン」「第五福竜丸」が削除された。

核抑止を肯定した「ビジョン」が被爆地ヒロシマから出された事実をみると、原爆の非人道性と戦争責任を告発した「はだしのゲン」削除は、「G7への置き土産だったのか」という声すらあがっている。

この文章を書いている最中に、北大西洋条約機構（NATO）首脳会議の首脳宣言は、自らの核兵器を誇示する一方、核兵器禁止条約について「同盟の核抑止政策と対立し、矛盾し、相いれない」と述べ、「現在の安全保障環境を考慮していない」など敵視の姿勢を鮮明にした、との報道がされた。同じ時期に「米国が多数の小爆弾を放出し広範囲で無差別に殺傷するクラスター爆弾のウクライナへの供与を決めた」というニュースも報道された。

「軍事対軍事」「核対核」の応酬では、決して平和は訪れない。このことはウクライナでの事実が世界に示している。世界のリーダーたちはこの当たり前のことに気づかないのか。

## 平和への願いと暮らしの願いを一つに合流させて　労働組合の役割

戦時体制下の日本では、1938年の「国家総動員法」の成立から軍事的な動員体制だけでなく、労働者の生活と労働運動への弾圧がはじまった。さらに、労働運動を事実上弾圧し、労使一体化を進め、国策に協力させる「産業報国会」がつくられる。その結果、1936年には42万人を超えていた労働組合員数は、はやくも1940年には1万人を割り込んだ。労働組合が消滅した社会で、戦争そのものに加えて、労働強化や低賃金による貧困と格差が助長される。このような経過をたどり、労働組合が解散させられ、多くの労働者が戦争遂行の一翼を担わされることになる。

その痛苦の反省に立って、戦後の労働組合は、「教え子を再び戦場に送らない」（教職員）「二度と召集令状は配らない」（自治体労働者）「ふたたび白衣を戦場の血で汚さない」（医療労働者）「平和こそ最大の福祉」（福祉労働者）「二度と兵器も兵士も運ばない」（JR労働者）などのスローガンを掲げ、平和の課題を最も重視してきた。

日本の労働者の実質賃金は、1996年から2021年までに60万円以上もマイナスになるなど四半世紀にも渡って低迷を続けており、最低賃金は先進国最低レベルとなっている。さらに新型コロナウイルス感染症の蔓延と物価高騰の影響が重なり、過去の経済危機にも類のない甚大な影響を国民と労働者に及ぼし、特に低所得者の多い非正規労働者や女性の生活を直撃してきた。

戦前の労働運動の歴史と現在の労働者の今をみたとき、あまりにも重なる部分が多いことに気づく。「新しい戦前」にさせないために、平和への願いと暮らしの願いを一つに合流させての国民的運動をすすめるためにも、労働組合の役割は大きい。

## 開かれた道をすべて選び、まだ閉ざされている道を開く

2022年6月にウィーンで開催された核兵器禁止条約の第1回締約国会議は、「核兵器のない世界への私たちの約束」と題する「ウィーン宣言」と「行動計画」を採択した。「ウィーン宣言」の最後の部分には次のように書かれている。

「私たちは、この条約の目的を実現する上で、私たちの前に立ちはだかる課題や障害に幻想を抱いていない。しかし、私たちは楽観主義と決意をもって前進する。核兵器がもたらす破滅的なリスクに直面し、人類の生存のために、そうしないわけにはいかない。私たちは、開かれた道をすべて選び、まだ閉ざされている道を開くために粘り強く努力する。私たちは、最後の国が条約に参加し、最後の核弾頭が解体・破壊され、地球上から核兵器が完全に廃絶されるまで、休むことはないだろう」

「私たちは、開かれた道をすべて選び、まだ閉ざされている道を開くために粘り強く努力する」との一文は核兵器廃絶の運動をはじめ、全ての運動への指針であり、再度かみしめたい。

奇しくもG7サミットでつながり、ひろがった平和への共同をさらに強く、大きくすることが求められている。

# 空っぽだった「広島」　都合よく利用させないために

ジャーナリスト　小山美砂

## 誤った「ヒロシマ」のイメージが広がる

Ｇ７広島サミットの閉幕から2日後、いつものようにツイッターのタイムラインを開くと、こんな投稿が目に留まった。

《広島は「除染」なんかせず、被爆から1週間で人々はもどってきたが、健康被害はほとんどなかった。「黒い雨」の影響もなかった。広島は「放射能なんか恐くない」という情報を世界に発信すべきじゃないか。》

発信者はオピニオンサイトの運営者で、31・8万人のフォロワーがいる。サミットの様子を華々しく紹介する動画を引用する形を取っており、その投稿は目を引いた。２０２３年6月末現在、このツイートは１５8回リツイート（共有）され、12万回近く表示されている。

この投稿を放置するべきではない。そう思った私は、彼のツイートを引用する形で投稿した。

《投下された「新型爆弾」の正体を知らぬまま、多くの人が殺されました。放射線の人体影響は隠されており、焦土と化した地で除染なんて出来るはずがない。爆心地から20㎞離れた場所で黒い雨を浴び、亡くなった子を知っています。「放射能なんか恐くない」なんて、原爆犠牲者への冒涜だと思う。》

この投稿にもコメントが寄せられた。ほとんどが、私の投稿内容を批判するものだった。中傷も含まれるためその一つひとつをここで紹介することは控えるが、誤った「ヒロシマ」のイメージが広がりつつある、と危機感を抱いた。

サミットによって、確かに広島への注目は集まった。普段は核問題や平和に関心が薄い層にも、考えるきっかけを与えたことは否定できない。サミットの開催自体を否定しようとは思わないが、そこで何が発せられるか、どんなメッセージが拡散されるかについては、厳しく見つめる必要があると考えていた。広島、広島、広島、広島――。何度も繰り返されたその言葉には、これまで広島が大切にしてきた記憶や思いが伴っていただろうか。少なくとも私が取材し、感じ取ってきた広島からはかけ離れたものだった。この機会に、私にとっての広島について考えてみたいと思う。

## 被害の本質が捉えられていない

私は1994年の大阪生まれだ。広島出身でもないし、身内に原爆被害者もいない。つながりがあるとすれば、訓練用の「模擬原爆」が投下された地域に生まれ育った、ということだろうか。しかし、この歴史についても積極的に学ぼうとはしてこなかった。

大学生の時、初めて聞いた被爆証言に衝撃を受け、全国紙記者として広島に赴任した。記者3年目の秋、原爆投下後に降った「黒い雨」を浴びた被害者に出会い、取材にのめり込む。私はこの取材を通して、広島という場所が発信してきたメッセージについて、考えてきた。

核兵器の非人道性を訴える、というのはやはり重要なテーマの一つだ。熱線や爆風による驚異的な殺傷能力はさることながら、この兵器は放射線を放出することに特殊性がある。核兵器がもたらす「被ばく」によって、人間はどのように傷つけられるのか。この実態について、私は「黒い雨」被害者から学んできた。爆心地から遠く離れた山村にいたためやけどなどの外傷は負っていないものの、放射性物質が含まれる雨や灰の影響を受けた人たちだ。

冒頭、「放射能なんか恐くない」とするツイートに対して、「爆心地から20㎞離れた場所で黒い雨を浴び、亡くなった子を知っています」と反論した、と書いた。この男の子は当時2歳で、本毛稔さん(83歳)の大切な弟だった。

本毛さんと弟の昭雄さんは、原爆が投下された1945年8月6日朝、爆心地の北西にある自宅にいた。麦の出荷作業に汗を流す母親と近所の人のそばにいて、本毛さんは縄を引っ張る手伝いをしていた。その作業中、突然ピカーッと光り、少し間を置いて地鳴りのような大きな音がした。やがて、灰色の雲が山の上にもくもくと立ち昇ってきた。チリや灰、焼け焦げた紙が舞い落ちてきたので、2人は面白がって拾い集めていたところ、母親に「毒かも知れんけえ、触っちゃいけん」と叱られた。

太陽が見えなくなるほど空が暗くなると、雨が降り始めた。慌てて家の中に入ったが、2人の白いシャツは黒く汚れていた。

本毛さんは、鼻血をよく出すようになった。ひどかったのは弟だった。おなかがパンパンに膨れ上がり、翌9月25日に急逝した。肝硬変だと診断された。この病気は現在、「原爆の放射能の影響を疑わしめる」とされている。

本毛さんは言う。「弟が亡くなったのは、黒い雨が関係しとるんじゃないかと思うんです」

原爆放射線が人体に深刻な障害を引き起こすのは、間違いのない事実だ。しかし、個別の立証は困難を極める。つまり、昭雄さんの死と「黒い雨」の因果関係を証明することは、最新の医学の力を借りても難しい。しかし、本毛さんは「身体に原子爆弾の放射能の影響を受けるような事情の下にあった者（＝「被爆者」）」との認定を受け、医療や手当を受給している。多くの被爆者が現に病苦を訴えており、さらに発病の不安に絶えずさらされているからこその措置だ。

先に取り上げた私の投稿に対して、「黒い雨で亡くなったという医学的データを示してください」というコメントがあった。現実的に困難な要求だし、被害の本質が捉えられていない。大切な人の死や自身を襲う病気が「原爆のせいかも知れない」と思わされ続けること、そして病気の不安に生涯さいなまれること。ここに、核兵器がもたらす恐ろしさがあると私は思う。

「こんなに私が病気になるんは、原爆のせいじゃないんかと思って。でもそうとは認めてもらえんし、はよ死んだ方がいいと思って、生きてきました」

嗚咽しながら、そう告白してくれた「黒い雨」被害者もいた。彼女が傷つけられたのは心であり、その人生でもある。「『黒い雨』の影響はなかった」「放射能なんか恐くない」と、私は絶対に言うことができない。昭雄さんの死や、彼女の涙を冒涜する言葉だ。

被ばくという核兵器の特殊性、そして非人道性。広島はこの記憶を伝えてきたし、今後も受け継いでいきたいと思う。被爆地として核被害の実態や本質を発信する上では、避けられないと思うからだ。

## 広島を具体的に語り続けること

サミットに話を戻そう。

前述したように、サミットを広島で開催したことには一定の意義もあったと思う。核保有国も含めたG7首脳が原爆資料館を見学し、慰霊碑に献花したことは、何かを感じ取ってくれた可能性がある。ただ、繰り返すように私はそこで何が語られるかを厳しく見つめたかった。要するに広島から学んだり受け取ったりするという意味での「受信」と、広島からの「発信」を分けるならば、後者を問題としたかった。

「この資料館で語られる物語」「広島と長崎の人々の計り知れない苦悩」「恐怖と苦しみ」――。資料館の見学後に首脳らは各々芳名録に記帳したが、放射線による被害に言及した首脳は誰もいなかった。ウクライナのゼレンスキー大統領が、廃墟になった都市と原爆資料館で目にした光景が「似ている」と述べた点については、日本メディアでも大きく報じられた。しかし、使用されている兵器の違いに留意しなければ、核兵器が非人道的な理由の一つである「被ばく」が見えなくなってしまう。ウクライナでの被害や、原爆の熱線や爆風による被害を軽んじるつもりはない。ただ、核兵器の非人道性を認識し、その廃絶を訴えていくためには、原爆放射線が人間に何をしたか、外して考えることは決してできないと私は思うのだ。

サミットに関連して「広島」という名称はあらゆる場面で使われた。核軍縮に焦点を当てた共同文書「広島ビジョン」が代表例の一つだ。また、岸田首相は最終日の会見で、広島に集う人を指して「我々は皆、『広島の市民』です」と述べた。G7首脳が「広島」という冠をつけて発信したのは、米英仏の核兵器容認と、抑止論の肯定だ。「広島の市民」を自称するけれども、彼ら自身がどんな被害を認識し、核兵器の非人道性をどう捉えているのかは見えなかった。サミットで語られた「広島」は、空っぽだった。中身がなく漠然とした「広島」の多用が、「広島は『放射能なんか恐くない』という情報を世界に発信すべき」との言説につながったのではないだろうか。

いま改めて考えたい。私たちが伝えていきたい「広島」とは何か？　岸田首相がやたらと「地元出身」を推すように、広島と言えば耳心地がいい。平和的な雰囲気をまとうことができる。それは先人たちが努力して積み重ねてきた歴史の上にあり、引き継いでいきたいものだ。しかし、そこに中身がなければ、「広島」は都合よく利用されてしまうのではないか。そして、いつの間にか広島が本来大切にしてきたメッセージが歪められかねない。だから、これからも言葉を重ねていきたい。私たちにとっての広島とは何なのだろうか。それを具体的に語り続けることこそ、広島が大切にしてきたものだろうとも思う。

# 広島のこころを踏みにじったG7「広島ビジョン」

広島県原爆被害者団体協議会・理事長　佐久間邦彦

昨年より広島平和公園を訪れる内外の観光客の方は多くなった。あのコロナ感染が収まったようにも思っていたが、まだマスクは外せそうにない。

ある日、元安橋付近を歩いていたら「核兵器廃絶の署名にご協力ください」と署名板を携えている高校生の声が聞こえてきた。

そのそばを歩いていた人が、立ち止まり「署名しよう」というと「お願いします」。そして「署名ありがとうございました」と高校生の声、その人は「がんばれよ」と言ってその場を立ち去った。こうして集まった署名の一筆一筆が核兵器廃絶へ一歩でも繋がってほしいと思ったのは、広島サミットが始まる2カ月くらい前のことだった。

## 被爆者への差別と偏見

私は生後9カ月の時、爆心地から西方3キロメートルの広島市己斐町で被爆した。幼少の頃から16歳頃まで病弱でよく医者にかかっていた。

1957年（昭和32）原爆医療法が制定され、被爆者手帳の申請手続きをする時に、母から被爆時の様子を聞いた。自宅内で被爆、母親に背負われて自宅から避難している途中、黒い雨に遭った話はよく覚えている。1955年10月25日佐々木禎子さんが急性白血病で亡くなり、後から黒い雨に遭ったことを知り怖くなったことを覚えている。それは小学4年、5年の時腎臓病と肝臓病でともに2カ月ぐらい休んだからである。

原爆のことは、被爆体験者から聞いたり、本を読んだりしてその怖さをある程度知っていたが、それよりも「子どもをつくるな」「結婚するな」「変な子どもが生まれる」など被爆者に対する偏見が嫌で1963年、私は広島を離れ上京した。

1965〜1966年頃、井伏鱒二さんが『黒い雨』を出版され、読んだ。当時の被爆の惨状や黒い雨についても書かれており、自分もこのような惨状の中にいたのかと思った記憶がある。

上京して3年目、思いもよらぬ出来事があった。将来一緒になれたらと思ってつきあっていた女性がいたのだが、彼女が原爆のこと、私が被爆者であることをお母さんに話したら、付き合ってもいいけど結婚はしないでと言われたことを聞いた。

被爆から二十数年経っても被爆者がこんな目で見られているのかと思った。

## サミット開催が近づくにつれて

市内は交通規制が厳しくなり、特に平和公園周辺はサミット開催期間中物々しい警備で、平和公園全体を取り巻くように外側から柵で取り囲み公園内が見えないようにしていた。なぜそんなことをしなければならないのか、警備の異常さを感じ驚いた。

昨年の5月23日、日本政府は２０２３年Ｇ７広島サミット首脳会合開催を決定した。なぜ広島で開催するのかについては「ウクライナ情勢が緊迫化するなか、核兵器使用のリスクへの高まりとともに、人類存続の危機に陥りかねないという不安が世界中に広がっている」からだと首相官邸ホームページにはあった。

### 核兵器をめぐる動きを見ると

２０２２年1月3日、核保有国5カ国（アメリカ、ロシア、イギリス、フランス、中国）の共同声明が出された。「我々は核戦争に勝者はなく、決してその戦いはしてはならないことを確信する。核の使用は広範囲に影響を及ぼすため、我々はまた核兵器について、それが存在する限り防衛目的、侵略抑止、戦争回避のためにあるべきだということを確認する」という内容である。

２０２２年2月24日、ロシア軍がウクライナを軍事侵略し、その後プーチン大統領が核兵器の使用を示唆したことから、核兵器が現実に使用される可能性があるのではと不安が広がった。こうした当時の情勢を背景に、日本政府は広島サミット開催を決めたのかもしれない。

### 核兵器廃絶めざしての具体的道筋を示すべき

岸田文雄首相はＧ７広島サミット議長就任にあたって「Ｇ７首脳が、広島の地から、核兵器の惨禍を二度と起こさせない、武力侵略は断固として拒否する、との力強いコミットメントを世界に示したいと思います。また、普遍的価値と国際ルールに基づく、新たな時代の秩序作りをＧ７が主導していく意思と歴史の重みを持って示す。そうしたサミットにしたいと考えています」と表明した。

岸田首相の表明に対して、そうであるのなら核兵器廃絶めざしての具体的道筋を示すべきであり、意義あるサミットにしてほしいと昨年末から市民社会は声をあげ始めた。

核兵器廃絶を求める広島市民の有志は、G7広島サミットを契機に「核のない、だれ一人取り残さない、持続可能な社会」を私たちの手で創ることを目的として、市民サミット実行委員会を立ち上げ、被爆者団体も参加することになった。

G7広島サミットは被爆地広島開催にあたり、G7の公式の提言の場であるC7（Civil 7）に初めて核兵器廃絶WG（ワーキンググループ）を設置し、実行委員会では、国内外の市民社会の声を集めるためオンライン等で呼びかけ、核兵器廃絶に関する意見要望を出し合い、まとめてC7に提出したのである。

また「G7広島サミットを考えるヒロシマ市民の会」（10団体で構成）は、G7広島サミットに海外から参加する6カ国に「被爆者との面会を時間を十分とって行うこと」「核兵器廃絶に向けての具体のメッセージを発信すること」などを中心に要請書を送った。

## G7広島サミットいよいよスタート

初日は各国首脳が平和記念資料館を訪れ、被爆の実相を見学、その後被爆者の被爆体験を聞き、その感想が芳名録に記載されている（一部抜粋）。

バイデン大統領～世界から核兵器を最終的に、そして永久になくせる日に向けて…。

スナク首相~私たちが、心と魂を込めて言えることは、繰り返さないということだ。

マクロン大統領~平和のために行動することだけが、私たちに課せられた使命です。

トルドー首相~被爆者の声にならない悲嘆、広島と長崎の人々の計り知れない苦悩に…。

ショルツ首相~核の戦争は決して再び繰り返されてはならない。

メローニ首相~本日、少し立ち止まり、祈りを捧げましょう。本日、闇が凌駕するものは何もないということを覚えておきましょう。

岸田首相~歴史に残るG7サミットの機会に議長として各国首脳と共に「核兵器のない世界」を目指すためにここに集う。

## 原爆犠牲者を冒とくする「広島ビジョン」

発表された「広島ビジョン」には昨年1月3日、5核保有国の共同声明が引用されている部分がある。

「我々の安全保障政策は、核兵器は、それが存在する限りにおいて、防衛目的のために役割を果たし、侵略を抑止し、戦争及び威圧を防止すべきとの理解に基づいている」

これは核保有国が、自国の安全保障のための防衛目的であれば、核兵器は保有してもいいとの表明であり、核抑止論を正当化するもので、核兵器廃絶に逆行する。

5月21日、G7広島サミット閉幕を前に、広島平和記念公園内にある広島平和都市記念碑（慰霊碑）を背に岸田首相は記者会見をして、「広島ビジョン」について核廃絶に焦点をあてた歴史的文書だと述べ、核抑止論の正当性を強調した。これは原爆犠牲者を冒とくするものである。

**広島のこころはここにある**

核兵器が存在する限り人類は脅かされ、また核戦争の脅威で威嚇することに頼りながら、どうして平和を構築できるのか。

広島のこころは、世界の人々が、再び広島・長崎の悲劇を繰り返すことのないようにすることである。そのためには、核兵器をなくす以外にない。このことを抜きにして真の平和を築くことはできない。

核兵器は絶対悪であり、非人道的な兵器であることを忘れてはならない。

# ヒバクシャは、そして、われわれ広島市民は、「広島ビジョン」を拒否する！

国際反核法律家協会共同代表・弁護士　佐々木猛也

## 岸田内閣の防衛力強化路線

２０２１年10月4日、戦争放棄を定めた平和憲法第67条によって内閣総理大臣に指名された岸田文雄は、就任55日後の11月27日、陸上自衛隊朝霞駐屯地の観閲式に臨んだ。軍服を着、戦闘用ヘルメットをかぶり、満面に笑みを浮かべ、最新世代戦車「10式戦車」のハッチから身を乗り出していた。その軽薄さ、無思慮な行いに違和感を覚えた。国家安全保障戦略などの改定を指示したと話したうえ「敵基地攻撃能力の保有も含めあらゆる選択肢を排除せず検討し必要な防衛力を強化していく」と訓示した。「今までの内閣がやらなかったことをやる」とした安倍路線からリベラル保守の路線への復帰が予想されてもいたが、大軍拡路線への道を選んだ。

22年2月24日、ロシアがウクライナに侵攻した。プーチン大統領は、核兵器を使用すると示唆して核使用の威嚇を始めた。

安倍元総理大臣は、3月、派閥の会合で、アメリカの核兵器を同盟国で共有して運用する「核共有」

ヘルメット姿で陸自戦車に試乗、朝霞駐屯地で観閲式出席に臨んだ岸田首相（出典：2021年11月27日AFPBB News）

がＮＡＴＯに加盟する複数の国で実施されていることと、ウクライナが加入していれば、ロシアによる侵攻はおそらくなかったであろうと指摘し「国民や日本の独立をどう守り抜いていくのか現実を直視しながら議論していかなければならない」と強調した。核共有の議論が始まり、この国はＮＡＴＯに歩みを寄せた。

政府は、これから先の自衛隊の戦闘は、ハイブリッド戦となると予測して陸上自衛隊宮古島駐屯地、石垣島の駐屯地の整備を着々と進めた。

## G7広島サミット開催発表

岸田総理がＧ７サミットを広島で開催すると発表したのは、22年5月23日、東京で開いた日米首脳会談後の記者会見であった。

「唯一の戦争被爆国である日本の総理大臣として、広島ほど平和へのコミットメントを示すのにふさわしい場所はない。核兵器の惨禍を人類が二度と起こさないとの誓いを世界に」と語った。

## 安保3文書

22年12月、安全保障関連3文書（「国家安全保障戦略」、「国家防衛戦略」、「防衛力整備計画の改定」）を閣議決定した岸田総理は、国会に説明をすることなく、23年1月、尾を振って渡米した。バイデン大統領との日米首脳会議で報告し、日米同盟の強化、台湾海峡を念頭に対処力強化、敵基地攻撃能力の保有を明言して犬吠えをし、米国製巡航ミサイル・トマホーク（400発）を購入する意向を伝えバイデンを喜ばせた。

## 防衛費増強

岸田内閣は、防衛装備品等の開発及び生産のための基盤強化に関する防衛生産基盤強化法、23年度から27年度まで5年間の次期計画で防衛費の規模を43兆5000億円とし、防衛費増額に向けた財源確保法（23年6月）などを次々と成立させて来た。

防衛力整備を名目として防衛関連費を国内総生産（GDP）比2％に引き上げるとし、23年度の防衛予算は、前年度より1兆4000億円余り上積みした過去最大の6兆8000億円余りとした。

政府が持ち出した敵基地攻撃能力保有を基礎とした防衛強化策は、軍縮とは真逆の政治であり、法に守られた平和は、軍事力による「平和」の前に跪こうとしている。専守防衛の言葉は打ち捨てられ古語になろうとしている。

## G7サミットで新しいものは何も出ないだろう

広島弁護士会をはじめ平和団体などは、日本政府が速やかに核兵器禁止条約（TPNW）に署名・批准すること、締約国会議にはオブザーバーとして参加し、核兵器廃絶のため積極的に関与すること、G7首脳が属す国に対し、核兵器廃絶に向けた積極的な関与を求めるなどの声明を発表した。

だが、主張が大きくかけ離れる日本政府の態度に照らすと、G7首脳たちが核兵器廃絶に向けた前進的、具体的な提言をするとは到底思えなかった。

日本政府は、核兵器禁止条約が採択された17年7月7日以降、核保有国と非保有国の「橋渡し」の役割を果たすとの見解を示していた。ひとつ言えるとしたら、核兵器保有国3カ国を含む主要7カ国の首脳たちが非保有国に何らかの呼びかけをするかもしれないと考えたりもしたが、核の抑止力を盲目的に信じている以上無理であり、岸田総理が言う「核兵器の惨禍を人類が二度と起こさないとの誓い」をするなどあり得ないと見た。

## 首脳たちは被爆の実態を見なかった

会合に先立ち、水面下の交渉が続いていた。米英仏は、原爆資料館に足を踏み入れることに難色を示した。

外務省は「G7首脳が原爆資料館を訪れることは、各国の核保有をいまただちに否定するメッセージを伝えるためではない。将来の人類共通の目標として、核廃絶というゴールを共有する意義がある」として口説いた。

壁はまだあった。資料館は、遺品が展示され被爆の実態を伝える本館と東館からなる。本館に入館するかどうかが問題とされた。7年前、オバマ大統領は、資料館に休憩のため立ち寄り、そこに置かれていた遺品を見ただけで本館には入っていないとされる。

計画では、両館を見学し、ヒバクシャ小倉桂子氏と30分対話をし、芳名録に記帳するとし、所要時間は1時間だった。首脳たちは東館に入った。小倉氏と対話をし何点かの遺品を見て記帳し、40分後に館外に出た。バイデン大統領らは、本館につながる32メートルの渡り廊下を渡る決断ができなかった。

直前の4月25日、次期大統領選への立候補表明をしたバイデンが広島に行き、原爆投下による被害実態を目にし、核兵器の廃絶に関する会議に出席したとなると、原爆投下こそが第2次世界大戦を終わらせたとするアメリカ人にとっては屈辱であり、支持率は下がる。

バイデンは、サミット開催直前、デフォルト問題に直面し、本土を離れはしないと欠席を表明した後、改めて参加を決めたが原爆資料館で被爆写真は見ないと言ったとされる。

平和公園には、「核なき世界」に背反する「核のフットボール」（核弾道の発射を指令する通信機器を入れた黒い鞄）が持ち込まれ、聖地からの核使用も辞さない姿勢を示した。

「核兵器のない世界の実現」とは程遠い、傲慢な場をわきまえない、真面目さ、真剣さを欠く、傍若無人の振る舞いであり、核廃絶の意欲は皆無であった。日本政府は抗議もせず黙認した。

## 「広島ビジョン」

Ｇ７首脳たちは、５月19日、「核軍縮に関するＧ７首脳広島ビジョン」（以下、「広島ビジョン」という）を採択した。

被爆地広島で初めて開催されたＧ７サミットが「核軍縮に特に焦点を当てた」とする「広島ビジョン」なるものは、自分たちの核依存、核保有を正当化し、堅持することを将来のあるべき姿（ビジョン）とした。「核兵器のない世界」を遠ざけてしまった。

核廃絶を訴え続けてきた被爆者や広島市民をはじめ、世界中の人々の期待を裏切った。

「核兵器は、それが存在する限りにおいて、防衛目的のために役割を果たし、侵略を抑止し、並びに戦争及び威圧を防止すべき」ものとして、核抑止による安全保障政策を肯定し、評価した。そして、「すべての者にとっての安全が損なわれない形での核兵器のない世界の実現」とも言い、「すべての者にとっての安全が損なわれる」恐れがある限り核兵器を持ち続けると宣言したのである。

他方、ウクライナに侵攻し核の威嚇をするロシア、核開発を続ける北朝鮮、イラン、核戦力を増強する中国を名指して敵意を込め非難して対立を深める一方、米国をはじめとする核保有国の核兵器の保有等の問題点に触れることはない。

思い出してみよう。２０１０年のＮＰＴ再検討会議は全会一致で、核兵器廃絶に向けた行動計画を決め人道的アプローチの検討を始めた。

２０１４年、米英が初めて参加したオーストリア政府主催のウィーン会議には、１５８カ国が参加して核兵器の非人道性を議論した。

会議は「受け入れがたい人道上の影響及び関連した危険性の観点から、核兵器を忌むべきものとし、禁止し、廃絶する努力において、オーストリアはすべての関係者、各国政府、国際機関、国際赤十字・赤新月運動、議員、そして市民社会と協力していくことを誓約する」と、「オーストリアの誓約」を発表した。

「広島ビジョン」は、ヒロシマの惨劇、核兵器の非人道性に触れることはない。核軍縮のための誠実交渉義務を定めたNPT第6条に言及することもない。

「核兵器のない世界」を広島で議論するとしたはずなのに、「広島ビジョン」には「核兵器禁止条約(TPNW)」や「廃絶」の言葉は一言もなかった。

「広島ビジョン」について、松野官房長官は「力強い歴史的文書になった」と評したが、歴史の後退を示す文書であり、核兵器禁止条約の進展を妨害する産物である。

G7サミットとは、何の執行機関も持たない七つの国の首脳たちの個人的な集まりに過ぎないこと、思慮深い存在ではないことを確認した。みんなが裏切られた。

## われわれは「広島ビジョン」を認めない

全国各地から2万4000人(1都道府県につき400人以上の計算になる)の警察官が動員された。厳しい交通規制が敷かれ、広島県警は、公式ツイッターに96回の交通情報を投稿した。閲覧は1200万回に上った。歩道横の道路には全国各地の護送車やパトカーが停車し、街角には、6、7人の白い合羽服を着た警察官が屯し、路面電車には2人組の警察官が乗り込んで監視した。

市周辺の市立、県立の学校140校が休校となった。マツダやオタフクソースなどは、5月18日から22日まで工場の操業を停止した。あれは、何だったのだろう。

ヒバクシャは、そして、われわれ広島市民は、「広島ビジョン」を拒否する。広島ビジョンが、「ヒロシマの心、広島の心」と、誤って国内外に伝えられることを拒否する。

「広島ビジョン」を発出したG7の首脳たちに強く抗議する。これを撤回し、直ちに核廃絶へ向けた真摯な取り組みをするよう強く求める。

世界に存在する1万3000発の核兵器を必要とする根拠を示せ！　核兵器はなくせないとする意識を捨てよ！

日本政府は、口先だけの被爆国としてではなく、特別な立ち位置にあることを自覚した被爆国として、NPT6条に基づく核廃絶のため誠実に交渉するよう求める。核兵器禁止条約を批准し、一日も早く核廃絶の日を迎えるよう先頭に立って推し広めるよう要求する。

# 座して待っているだけでは平和はこない

大学生　佐藤　優

## G7サミットに裏切られた

私が通う大学は、G7広島サミットを歓迎するムードであふれていた。G7を応援している旨を記した旗を学内に掲げたり、大学ホームページのトップには、応援していることをアピールするようなバナーも見られたりした。私はこれに対して違和感を持っていたが、「広島でサミットが行われることはもうないだろうから貴重な機会である」と、わくわく感でいっぱいだった友人も多かったように感じた。見事に政府や広島市が作りあげたG7広島サミット歓迎の雰囲気に染まっていたと思う。開催に関心を持つことは大切であるが、G7サミットとは何なのか、何を目的として広島に集まるのかについて、それぞれが考えることこそが大切であるはずだ。

「せっかく広島に来るのだから、核兵器廃絶へ向けての姿勢を示してほしい」。そんな思いを持って、今回のサミットに期待を抱いていた被爆者・広島市民は多かったであろう。しかし、今回のような結果を目の当たりにし、裏切られた気分になった市民はどれだけいるだろうか。私もその一人である。

## 納得できない「ALPS処理水放出」問題

私は、今回のG7サミットでの核軍縮の議論にはもちろん注目していたが、それ以外にも多くの注目したい点があった。ここでは、G7サミットにおける「ALPS処理水放出」について取りあげたい。ALPS処理水放出の問題については、主に4月15日〜16日に行われた、G7札幌気候・エネルギー・環境大臣会合で議論され、そこで出された「コミュニケ」の中でも取りあげられている。ここで問題となっているのが、文書の公式仮訳が、原文とは違った内容となっていることである。「環境省が公表している日本語訳が間違っているとして、全国約150の市民団体らが12日、環境相と経済産業相に撤回を申し入れた」と報道されている（2023年5月16日 朝日新聞）。

市民団体「放射線被ばくを学習する会」などは「これは改ざんではないか」と指摘している。G7広島首脳コミュニケの中でも、ALPS処理水に関しては同様の記述がされた。国際的な会議において出された成果文書を、国民に正しく伝えることができない日本にはがっかりさせられる。

また、友人からは「(処理水放出について)韓国とかにすごく反対されてたけど、G7が賛成するなら問題解決できそうだね」というメッセージをもらった。自分の考えとは大きく違っていて、驚いた。南洋諸島などの地域で、海と共に生きている人々にとって、処理水の放出とはどういうことなのか。処理水放出が実行されることによって不安に襲われる人・生活が変えられてしまう人がどれだけいるか。もっと国民や、G7以外の国々の声を、何より地元福島県民や漁業関係者の声を聞くべきであり、このまま強行突破で放出されてしまうのは許せない。このことは処理水放出問題に限らず、昨今の大切な問題に関して十分な議論もなしに閣議のみで決められることにも通じている。なぜ、そんなことが許されてしまうのか。今後の自分たちの暮らしを守るためにも、おかしいことに気がつく力を身につけ、流れを変えていけるよう、訴えていかなければいけない。

## 一歩立ち止まって社会を見つめていくということを意識して

私は日本政府に、しっかりと被爆者や今を生きる市民、そして未来を生きる子どもたちに寄り添う政治を行おうとする姿勢を求めたい。政府がさまざまな被害者を認めないことによって、苦しんでいる人が多くいる。「黒い雨」の被爆者や、ＰＴＳＤ（心的外傷後ストレス障害）の兵士等もその例として挙げられるだろう。政府が、彼らの被害や苦しみを認めないことによって、多くの国民にも理解を得られず、苦しみ続けてきた。悲惨な経験をした人にとって、その経験を語ること、他人に理解してもらうことなくして、心の回復は難しい。

しかし日本は、「語れない社会」を長年変えることができずにいる。心に傷を抱えたまま生きていくことは、本人も苦しいが、その家族も同時に苦しみを伴う。被害の連鎖を止めるためにも、日本社会を変えていく必要がある。さらに、これからは特に疑う姿勢を大切に、社会と向き合っていくことが必要である。きれいで、多くの人に受け入れられそうな言葉を聞いた時には、その裏には危険が潜んでいるのではないか、これを私たちは本当に受け入れて良いのかと、一歩立ち止まって社会を見つめていくということを意識していかなければいけない。

日本には、原子力への依存度を低減させると言いながら原発の再稼働を進めたり、核なき世界を目指すと言いながら核抑止力を肯定しそれに頼ったりと、たくさんの矛盾がある。きれいな言葉の裏で、私たちが望まないことが進められてしまうことの原因には、国民の多くが無関心であることがあるのではないか。国民が、賛成も反対もせず、声をあげないことは、矛盾のある日本を構成している一因でもあると思う。今後、私たちが明るい未来を迎えられるためにも、今の日本に対して関心と疑いを持ち、社会問題を自分のことと重ねて考え、しっかりと自分の意見を持てるような人になりたいし、そんな仲間を増やしたい。

## 過去から学び、考え、未来への責任をもって行動したい

私がお世話になっている広島の被爆者は、G7広島サミットを終えて、G7の首脳たちの考えはどうであれ、私たちは核廃絶のために動き続けなければいけないと、心新たに前へ進んでいる。私は彼女の姿を見て、私もがんばっていかなければいけないという思いをよりいっそう強く持った。

先日、その方は私に「被爆者の思いを継いで、諦めないで叫び続けて欲しい。私の友人や親戚のように、戦争なんかで死んではいけないからね。戦争や核兵器を無くしていく必死の努力が必要。座して待っているだけでは、本当の平和はこないから、自分たちで考え、動き、自分たちで作りあげていく。実際に平和を守って発展させていくのはあなたたちなのよ」と話してくれた。

「座して待っているだけでは平和はこない」。この言葉はいつも私の心に突き刺さる。

核兵器に頼らない世界は理想であって、不可能であると言われることも多い。しかし、理想だとしてもそれを掲げ、それに挑戦し続けなければ、実現させることなどできるわけがない。

今後、私たちが社会の中で、被害者にも、加害者にも、ただの傍観者にもならぬよう、そのため

にはどうしたらいいのか、模索し続けていきたい。過去から学び、考え、未来への責任をもって、試行錯誤を続けながらも行動していけるような人間になろうと思う。

# 次の時代を創るのは市民社会の人びとの意思と行動

カナダ在住広島被爆者　サーロー節子

今から78年前の今日、アメリカは広島に原爆を投下しました。

当時、私は広島女学院に通う13歳の生徒でした。その1発の爆弾でおよそ14万の人びとが命を失いました。私は生き残った者のひとりです。その後の人生の大半を、あのとき目の当たりにした恐怖と被害を二度とくり返させないために生きてきました。廃墟から這い出た私たちは、いまも世界を脅かしている核の破局を垣間見ました。私のことをお話しするのは同情を得るためではありません。人間が生きていくための警告なのです。

それは、軍の暗号解読の仕事に動員された最初の日の朝でした。陸軍第2総軍司令部の2階の広間で責任者の話を聞いているさなか、突然、閃光を浴びたのを記憶しています。

爆発音は聞きませんでした。市から何キロもはなれたところでは、落雷のような轟音がはっきりと聞こえたそうですが、私たちは爆心近くにいた他の被爆者と同じように何も耳にしなかったのです。静かな閃光を受けた瞬間、机の下に潜り込もうとしました。けれどなにか浮かび上がるような感じがし、崩れる建物とともに私の身体は落ちていったのです。

瓦礫のなかに横になり、動くこともできず、このまま死ぬんだなと思いました。不思議なことに怯えはありませんでした。しばらくして、級友の声が聞こえてきました。弱々しい声で神様を呼んでいました。「神様、たすけて！」「おかあさん、たすけて！」。そのとき、だれかの手が私の左の肩に触れました。私の近くに埋まっているだれかでした。それから、その手が私の周りの木片をゆるめ始めました。真っ暗ななかで男性の声がしました。「いいか、あきらめるな。這って進むんだ。いま助けるから。見えるか？　陽の光の方だ」。私には彼が見えませんでしたが、こうして2人で闇のなかから這い出したのです。

あの時の級友の声、目の前に現れた人びとの亡霊のような姿、水を求めてあえぐ声、美容院に行くと言って出かけて被爆した姉の綾子と全身火ぶくれになりながら水を欲しがった4歳の甥、英治、内臓も腐り、溶けるように亡くなっていった、私の大好きだったおじとおば——その姿も声も、私の目や耳にそのまま焼き付き、残っています。

それは、罪もない市民が無差別虐殺の標的とされ、広島が消滅した核時代の始まりでした。

戦後、占領軍は広島・長崎の被爆の実相を隠ぺいするために被爆者やジャーナリストの文筆活動を抑圧し、政府は12年にわたり救援を無視し、被爆者を放置し続けました。それでも多くの被爆者は再生をめざして、生き抜くために立ち上がりました。

みずからの体験の悲惨、非道を嘆くだけでなく、核兵器を絶対悪として否定し、核兵器完全廃絶のみに人類存続の希望があると信じました。

まだ中学生だった私は、大人の人たちの強烈な非暴力、反戦の言動に心を動かされ、高校・大学時代には先人たちの言葉をかみしめ、行動を見つめながら育ってきました。愛する家族やクラスメイトの死を無駄にしてはいけない、と心に誓いました。それが私の将来のアクティビスト＝行動主義者としての原動力になったと、若き日を振り返りながら思っています。

1954年、留学生として米国の大学に到着したばかりの私を新聞記者たちが待ち受けていました。同年3月1日にマーシャル諸島のビキニ環礁で米国は、広島原爆の1000倍もの破壊力を持った水素爆弾の実験をし、島民や日本漁民の命と環境を犠牲にしたのです。

意見を求められて私は率直に、米国の核政策の批判をしました。翌朝新聞記事に載るや否や匿名の脅迫の手紙が大学に届き始めました。到着したばかりの異国でのこのバッシングに苦悩したものの、私にとっては被爆者としての使命感を新たにする目覚めになったのです。抽象的になりがちな核の議論に体験を加え、ヒロシマの心、すなわち核兵器廃絶の必要性を語ることで単に核兵器に関する知識だけでなく、自身の問題として心を動かし、地球社会の一員としての責任を考える、そしてそれを行動に変えていく、そういう動機づけの努力を重ねてきました。まず、もっとも身近な大学から町の高校や教会、女性団体、ロータリークラブ、労働組合など、人の集まりに積極的に交わりました。広島、長崎での核兵器の使用を正当化し、自国の科学的技術的優位性を誇る米国社会で人びととの共感を得るためには、広島、長崎の意味を多角的にとらえ、説得し、人道的価値観を強調することが必要でした。

長年の草の根での活動から国際政治の中心である国連での会議に参加するようになり、目にしたものは、軍事力と経済力を盾に、自国の権力と利益を追求する核大国の横暴ぶりでした。核不拡散条約第6条によって軍縮への努力を誓ったはずの核保有国が、その軍縮に向けての法的責任を無視し続けて、半世紀以上もたつ今日、いまだに一歩の前進も遂げておりません。核保有国とその核兵器に依存する国という少数派が、核兵器廃絶を求める多数派を人質としているようでした。

しかし2017年7月7日には、被爆者たちの悲願である核兵器禁止条約が、国連総会で加盟国の3分の2にあたる122カ国・地域によって採択されたのでした。これは人類が核時代に突入して以来初めて、核兵器の製造、実験、保有、威嚇、使用のすべてを包括的に禁止するという国際法で、核保有国の猛烈な反対運動を押し切って生まれた条約です。新興国、途上国の外交官たちは、国連にやっと民主主義が到来したと口にしていました。これは核廃絶推進国のオーストリア、アイルランド、ブラジルなどの外交官、赤十字国際委員会などの国際機関、653の世界の市民団体、世界各地で強行された2000回以上の核実験による犠牲者たち、広島・長崎の被爆者たちの間の強力な信頼感と親密な協力によって達成された、まさに画期的歴史的な出来事でした。この運動で重要な役割を演じたのがICAN、核兵器廃絶国際キャンペーンという理性、情熱とエネルギーに溢れる国際NGOの若い世代の人たちでした。

核兵器のない平和で公正な世界を創り出すためには、足元から行動を起こし、社会と政治を動かし、国連を通じて世界を変えていく、その行動主義が大切です。

なかなか動かない世界にがっかりすることもあります。先日のG7サミットでは核軍縮が期待されていたのに、出された宣言は、核兵器禁止条約にも、核大国の核軍備撤廃義務にも一言も触れず、防衛や戦争を防ぐためには核兵器は必要だと言い張るとんでもないものでした。もちろんロシアはウクライナの戦争をただちに止めるべきでしょう。ましてや核で脅すなど、とんでもない話です。ですが、相手の核は悪いが、自分たちの核は安全のためだ、というこのG7の論理は、実際には自分たちが批判したロシアや中国や北朝鮮の論理とまったく同じです。こんなことを言うために広島まで来たのか、資料館訪問や被爆者の話からいったい何を学んだというのでしょうか？

議長を務めた岸田さんは、「安全保障環境が厳しい」から、核に頼るのは仕方がないと言っています。けれども、実際に核を持っているのは193の国連加盟国の中でわずか9つです。120も130もの国々が、この惰性から抜け出して、世界に非核地帯を作り、核兵器禁止条約を創りだしているのです。本当に欠けているものは、「安全保障環境」ではなく、問題を解決する意思、行動に踏み出す勇気、そして被爆者や国民の願いへの理解ではないかと思えてならないのです。

何年にもわたって核の被害者たちは、非核による平和というトーチを掲げてきました。核兵器廃絶だけがもたらしうる持続可能な平和のために努力してきました。核兵器禁止条約のような新たな扉を開けることもできました。

歴史が大きく前進する時も、指導者が惰性にとらわれて、間違った選択をしている時も、これを正し、次の時代を創るものは、主権者である市民社会の人びとの意思と行動です。

みなさんのなかに、私たち被爆者から奮い立つ力を得る人が出て欲しいと思います。しかしいま、私たちもみなさんから奮い立つ力を得る必要があります。このトーチを受け継ぎ、これまでになく高く掲げてくれる、より若く、強い手が必要です。全世界でトーチの光が見えるよう、この広島・長崎から、原水爆禁止世界大会から高く掲げて欲しいと思います。この機会を与えてくださいましたすべての皆様にお礼を申し上げます。

（2023年8月6日に開催された原水爆禁止2023年世界大会・ヒロシマデー集会に参加したサーロー節子さんの特別報告より）

# 小さな声とG7サミット

シンガーソングライター・カクワカ広島　瀬戸麻由

## 不思議な「歓迎ムード」が街の中に溢れていた

正直、G7サミット広島が、こんなに自分の日常生活に影響のあるものだと当初は思っていなかった。たった8人のリーダーたちが話し合いにやってくるというそれだけで、様々なものが制限され、何か大きなことが動いているかのような報道が飛び交い、不思議な「歓迎ムード」が街の中に溢れていた。そのすべてを「間違っている」と断じることはできないけれど、非日常を押し付けられた違和感を、きちんと記憶しておきたいと思う。

開催よりも3カ月以上前から、普段車で通勤している国道の掲示板に「5月18日〜22日は広島市内へのマイカー乗り入れ自粛を」と表示されるようになった。5月に入ると、平和記念公園そばの職場に行くまでに何台ものパトカーとすれ違うようになった。公園に向かって渡る橋のたもとには常に警察官がいて「見守ってくれている」というよりもなんだか「見張られている」ような心持ちになった。

確かに「主要国」の首相たちが集まることで、この街中にリスクが生じるのだろう。でも問題はどこにあるのだろうか。リスクの原因は目に見えない架空の「危険人物」なのか、リーダーたちが集まるというこの状況なのか、それともそれを心配しなければならない社会自体なのか、不安を常に煽られるような環境の中で考えた。日常を暮らす市民をある種無理やり巻き込みながら、その土地の税金さえ使いながら、サミットはこれまでも各開催都市で行われてきたんだろうか。そのことに、自分の足元にサミットがやってくるまで気づくことができなかった。

## 核被害は決して過去のものではない

そんなサミットの最中発出された「核軍縮に関するG7首脳広島ビジョン」が、せめて意義深いものであってほしいと思っていた。実際は、これまでの核保有国・核依存国の姿勢を踏襲し、核抑止論を肯定しさえする内容でとても残念に思う。サミット参加国の核問題に臨む姿勢に落胆することは今に始まったことではないが、今回とりわけ私が憤りを感じたのは、「我々は、77年間に及ぶ核兵器の不使用の記録の重要性を強調する」という一文だった。

私が核問題に深く関わるようになったきっかけのひとつが、広島・長崎以外の世界各地のヒバクシャとの出会いだ。2011年にNGOピースボートの主催する船旅に参加し、タヒチの核実験場で被害を受けた人々や、核兵器や原子力発電の原料を採掘するオーストラリアのウラン鉱山付近で放射能汚染の被害を受けている人々と出会った。核兵器の使用や核産業による被害は決して過去のものでもなく、他でもない私たちが問題に加担することさえあるのだとショックを受けた。

昨年6月にウィーンで開催された核兵器禁止条約の第1回締約国会議に参加した際も、世界中の核被害地からさまざまな年代の人々が会議の場に声を届けに来ていた。そこで特に若い世代のアクティビストたちとつながりを作ったことを生かし、それぞれの地域の核被害について学び続けるオンライン企画を運営し始めた。

サミットの開催直前の4月~5月にかけても、広島にカザフスタンやマーシャル諸島から核被害の実態を訴えに来ていた人々がいた。特にアメリカが核実験を行ったマーシャル諸島から来られたエビリン・レレボウさんとはたくさん言葉を交わし、高知県で開催された「ビキニデーin高知」のフィールドワークにも共に参加した。

1954年3月1日に行われたビキニ環礁での核実験により、第五福竜丸をはじめ多くの日本の漁船も被ばくした。被災した漁船は高知から出ていたものも多かったが、被災漁船員への適切な救済は行われず、今も裁判が続いている。マーシャル諸島のエビリンさんは核実験の風下地域であるロンゲラップ環礁のコミュニティ出身で、お母さんは実際に当時被ばくを経験した。ご家族の経験や、今も帰ることができないふるさとの様子を何度も語ってくださった。問題は収束することなく、今も多くの人々に苦しみを強い続けている。

## 小さな声が集まって変えることができると信じて

だからこそ、まるで1945年以降に痛みがなくなったかのような「我々は、77年間に及ぶ核兵器の不使用の記録の重要性を強調する」の一文に憤りを覚えた。外交文書的に「核兵器の不使用」はつまり戦時の不使用を指すのだと推測するが、いまだに各地の被害を矮小化し続け、責任を取ろうとしない国々の政府が集まって発出されたこの文書の中で、いかにこうした小さな声が「ないものにされている」のかが表れているように思う。

サミットの足元で耳を傾けられることなく立ち消えてしまいそうなこうした小さな声こそ、きちんと拾い上げて、記録し、記憶しておくことが大切だ。影響力のある「大きな国のリーダー」がこの世界を動かしていると錯覚し、自分の無力さに落ち込んでしまうこともある。けれど本当はこの世界は、無数の小さな声が集まって少しずつ動かすことができるのだと、変えることができるのだと、信じて歩みを止めずにいたいと思う。

# 「黒い雨」運動にかかわって

原爆「黒い雨」被害者を支援する会事務局長　高東征二

原爆が投下された直後「黒い雨」が広範囲に降りましたが、国は「大雨地域」と「小雨地域」に線引きをし、「大雨地域」のみ被爆者援護法の「健康診断特例区域」に指定し（1976年）、「小雨地域」やその外側は何の手だてもしないで放置しました。指定地域外にも放射性降下物が原因と思われる病気で苦しむ人がいることから指定地域拡大の運動が始まりました。

当時、放射性微粒子が身体に入って内部被曝をすることは知らされていなかったので、多くの人は、周りの人に迷惑を掛けないよう「病弱なのは自分のせいだ」と無理に思い込み、お金がないので病院へも行かないで死んでいきました。

## 「黒い雨」には濡れていない？

原爆投下当時、私は4歳6カ月でした。爆心地から西へ9㎞離れた自宅にいました。周りが暗くなり、焼け焦げた新聞紙や屋根の削ぎ板が飛んで来て、しばらくして雨が降り出しました。でも濡れた記憶がないので軒下で雨の降るのを見ていたのだと思います。やがて手や足に吹き出物ができてなかなか治りませんでした。小学3年生の時、脇の下や鼠径部のリンパ腺が腫れ病院で3回も切除してもらいました。その後は元気で学校にも楽しく通い、地元の高校の生物の教師になりました。元気で定年まで勤めることができました。

## 内部被曝で苦しむ　寺本博和さん

定年後、人の役に立つ人生を送りたいと思っていた私は「黒い雨」で苦しんでいる近所の寺本博和さん（被爆当時9歳）を訪ねました。

寺本さんは、次のように話してくれました。

「原爆で飛んできた、焼け焦げた新聞紙や屋根の削ぎ板、ふすまなどを、麦畑を走り回って拾った。あたりが暗くなって灰や塵が落ちてき、やがて雨も降りだした。白いシャツが黒くなり、洗っても落ちなかった。家の壁が落ちガラスが割れ障子がメチャメチャになっていた。庭にある蓋のない井戸の水を生活用水に使い庭の野菜も米もいつものように食べた。異変が始まったのは間もなく。体がだるく風邪のような症状で咳が止まらない。母がヨモギやドクダミを採ってきて煎じたり湿布したりしてくれた。首に手ぬぐいを巻いて登校。朝起きられないので遅刻の常習者であり、体育はいつも見学しクラブ活動もしなかった。中学・高校も同じ調子で、みんなから異端視され、集団から逃げ友達はできなかった。就職してからは、周りに迷惑をかけ、幾度か仕事を変えたがいつも長続きしなかった。『横着者』『根性なし』と言われても、体がだるく思うように動けない自分が身を引くしかなかった」

隣人でよく知っていましたが、こんなに追い詰められ苦しんでいるとは知りませんでした。ずっと後に、この「原爆ぶらぶら病」の原因が、「黒い雨」や灰に付着した放射性微粒子を吸い込むことによって起こる内部被曝によるものだと知った寺本さんは「アメリカも、日本政府も憎い」と言って入退院を繰り返していましたが、70歳で大動脈瘤破裂を起こし76歳で亡くなりました。

## 「佐伯区黒い雨の会」の活動

2002年9月、「佐伯区黒い雨の会」を結成しました。結成会には40人ぐらいの人が押し寄せ、資料がない椅子がないと大混乱でした。

発言者がいないので困っていると原田博登さん（被爆当時12歳）が登壇し、「あの朝、奉仕活動で登校し裏山の木の下草刈りをした。ピカッと光り、ドーンと強烈な振動にみんな山側に倒れた。モクモクときのこ雲があがり、雲が流れて雨がひどく叩きつけ、みんなびしょぬれになった」と話し始めました。「私はガンを患っています。もうすぐ頭に来る（転移する）のであと何日生きられるか分かりません」との締めくくりの言葉に、会場は静まり返りました。それからは、何人もの人が次々と当時の空の変化や雨の様子、健康状態を話しました。

高校の同級生だった小川泰子さんが会長に、私が事務局長になりました。町内会で活発に活動している人に役員になってもらいました。党派を超えて運動は広がり、保守党の後援会員や後援会長も加わってくれました。

私たちは、「黒い雨地域拡大」を目標に、取り組みを重ねました。夜に役員会議を開き、報告のニュースを毎回出しました。1000円の年会費で会員を募ろう、「黒い雨地域拡大」の署名を集め広島市議会へ出そうということになりました。組を作って1軒1軒訪問しましたが、回覧で回しても誰も署名してくれませんでした。「自分達だけがよいことをするのか」「税金泥棒」と追い返されることもありました。当時はみんなが貧しかったのです。

佐伯区の市会議員さんに紹介議員になってもらおうと、夜ごと自宅を訪問しました。他地域の「黒い雨の会」の協力もあり、「黒い雨地域拡大」を求める署名は集まって議会で可決されました。市と県が協力して積極的に国に働きかけると決まり、みんなで喜びあいました。

## 広島市と厚生労働省

広島市と県は、3万人を対象にしたアンケート調査と千人の面接調査をし、2010年、国の指定地域の6倍の広さの「黒い雨の降雨図」と「原爆体験等健康意識調査報告書」を作成して「黒い雨指定地域の拡大」を国に働きかけました。厚生労働省は、2010年12月に「黒い雨検討会」を立ち上げ、9回も会議が開かれました。毎回傍聴に行きましたが、「黒い雨」の実態を踏まえた議論はなされませんでした。2012年7月に「検討会」が出した結論は、広島市が報告書で詳細に明らかにした被爆の実態は一切認めず、「黒い雨地域拡大」の切実な願いを踏みにじる理不尽なものでした。「大雨地域」以外では「広島原爆由来の放射性降下物は確認されていない」「内部被曝も外部被爆もあったことが確認されない」「現に苦しんでいる人は、被ばくしていないのに、被ばくしたと思い過ぎから病を引き起こした」など、国の出した結論はあまりにも私たちを馬鹿にしたものであり、とうてい承服できるものではありませんでした。

## 冊子「黒い雨」—内部被曝の告発—

このままでは、「黒い雨」によって病気だらけの人生を歩んだことも、多くの人が内部被曝で死んでいったことも、無かったことにされるという危機感を持つようになりました。今一番必要なことは、多くの人に「黒い雨」で苦しんでいる事実を知ってもらうことだということで、それまで被爆体験の聴き取りに応じてくれた人を再訪問し、本にすることを躊躇する人を説得して歩きました。そうしてやっと『「黒い雨」—内部被曝の告発—』の冊子ができました。表紙に並ぶみんなの顔写真は、「我々は悪いことをしていない、嘘もついていない」と堂々と告発する姿勢を象徴しています。あらゆる集まりで全力を尽くして販売しました。

## 放影研は「黒い雨」をどう考えている？

2013年2月17日、日本ジャーナリスト会議広島支部主催で「黒い雨と低線量被曝」と題して公開シンポジウムがありました。放射線影響研究所（放影研）の大久保利晃理事長（当時）は、「黒い雨による残留放射線の被爆は誤差範囲」とか「内部被曝と外部被爆のリスクは同じ」と述べ、「黒い雨」や内部被曝の問題をどう考えておられるのか分かりませんでした。「佐伯区黒い雨の会」などでつくる「広島県『黒い雨』原爆被害者の会連絡協議会」と、放影研で開いた話し合いで大久保理事長は、「放影研の膨大なデーターは、すべて爆心地から2km以内で遠距離被ばくや内部被曝についてのデーターはありません」と話していました。放影研は残留放射線の影響を無視して（考慮（?）するほど影響がないので）、初期放射線についてのみ調査したのだと判りました。これは大変なことです。放影研の指標が国際放射線防護委員会（ＩＣＲＰ）の基礎になっているし、先に行われた「黒い雨検討会」でも、「残留放射線のデーターは無い」ことから、（「黒い雨」の影響は）「無視できる」「影響はない」という結論に帰着することになったのです。日本の被ばく行政が後ろ向きであることの大元がここにあるのだと思いました。

## 「黒い雨」訴訟

２０１５年11月４日、広島県知事と広島市長に被爆者健康手帳の交付などを求めて、原告64人（後に84人）は広島地裁へ提訴しました。８人の弁護士が手分けして、「黒い雨」の降った日のこと、その後の生活を細かく聴き取りを行いました。裁判では、原告らは被爆者援護法第１条３号にあるように「身体に原子爆弾の放射能の影響を受けるような事情の下にあった者」と言える、つまり被爆者だと認めるべきだ、という主張が展開されました。

地裁で勝訴し、高裁でも国の控訴が棄却され勝訴が確定しました。計24回口頭弁論期日があり、確定まで６年かかりました。30㎞離れた安芸太田町の方から傍聴に参加するだけでも高齢の原告には大きな負担です。その間、原告16人が亡くなりました。原告の廣谷倉三さんは控訴審の報告集会で「『科学的根拠がない』と言ってごまかすのはやめてください。判決で決定したことこそ科学的事実で根拠そのものです。原告84人の証言に嘘はない。控訴を取り下げてください」と力強く訴えました。広島高裁は、国の控訴を棄却し被爆者援護行政の根本的見直しに迫る画期的な判決を下しました。

## 「広島ビジョン」は許せない！

岸田首相は、「広島ビジョン」で核兵器禁止条約に一言も触れず、いざとなれば核兵器を使用する「核抑止」を全面的に正当化しました。「黒い雨」の被爆者は、長い間放置され、すでに多くの黒い雨の被爆者は亡くなりました。病気だらけの人生をやっと生きている人もいます。被爆者はみんな「戦争はしないで！」「原爆や核兵器は二度と使わないで！」と言い続けてきました。私も、「黒い雨」の問題、核廃絶の問題を訴え続けます。

# 核なき世界を日本から！　市民社会はとまらない

核兵器廃絶日本ＮＧＯ連絡会幹事　高橋悠太

私たち市民社会は、今こそ、政策の変化を求めよう。現状の核抑止への無批判な依存から脱して、多様な人が参画できる議論を通して、核兵器のない世界を市民の手で創り出そう。

## Ｇ７広島サミットをどう受け止めたか

「首脳宣言」や「核軍縮への広島ビジョン」は、Ｇ７諸国が許容できる玉虫色の内容にとどまった。広島ビジョンでは、防衛のための核兵器を容認してしまった。あらゆる核兵器が普遍的に許されないとする被爆地の考え方とも異なる。

「廃絶」という文言も存在しなかった。２０００年核拡散防止条約再検討会議では、「核保有国の核兵器の全面的な廃絶への明確な約束」が採択をされた。核軍縮は積み上げだ。これまでの蓄積に鑑みて、失望しているのである。

Ｇ７初日、各国首脳の平和公園訪問を経た夜の記者会見で、私は次のように発言した。「今朝、首脳が平和公園の訪問中、私は平和公園周辺を歩いていました。厳戒態勢で市民は締め出されてしまいました。核が使われた場所が核保有国によって占有されてしまったようでした。気持ちの悪さを感じていました。広島は再び、平和を訴えるアピールの場として、利用されてしまったのです。核政策には、ほんの一部の人々しか参加することはできません。今日の広島市内のように、常に市民は置き去りにされています」。

## 「関心が集まってよかったね」で終わらせない

広島県外の人と話すと、多くの場合、「G7が開催されて、核の話が盛り上がって、よかったね」というようなことを言われる。報道や関心が増加したことは事実だが、現実はまだ変わっていない。核保有国が平和記念資料館を見学し、被爆者と面会したことは一定の意義があったと思う。ただ、そこで何を見、どう感じたかは、首脳宣言はおろか、個々の首脳の言葉に十分に触れられていない。また、首脳の個人SNSに投稿したのもドイツ・イギリス首相くらいだ。どれほど非人道性について認識したのか。私たちは行動を問うしかない。核のない世界と言うからには、少なくとも現状の核政策の再検討が必要だ。特に、今年は8月にNPT（核不拡散条約）準備委員会、11月に核兵器禁止条約の締約国会議が開催される。各国は、G7を経て、核なき世界に向けてどう決意を新たにし、再検討を試みるのか表明するチャンスである。逆に、政策が変わらなければ、本当に広島で開催した意味はない。

## 核兵器をなくすための「日本キャンペーン」発足

ただ市民社会も手をこまねいているわけにはいかない。政府が動かないのであれば、私たちが動

核兵器をなくすための「日本キャンペーン」クラウドファンディングを呼び掛ける

こう。G7サミットを終えた5月25日、約30の国内の反核・被爆者団体・個人が参加する「核兵器廃絶日本NGO連絡会」は、日本の多くの団体・個人が集まって、核兵器をなくすための「日本キャンペーン」を来春、発足することを決めた。私は同連絡会の幹事を務め、現在、日本キャンペーンの準備事務局を担っている。私と同年代の20代、数名がこのキャンペーンの準備をしている。未来につなぐ運動だ。キャンペーンは、「核兵器のない世界」を目指し、国内の様々な団体・個人が連携し、なるべく早く（遅くとも2030年までに）日本政府が核兵器禁止条約に参加するよう働きかけるものである。

2022年11月頃から、サミット終了後に「広島で開催されてよかったね」となりかねないと警戒していた。前項で記した通り、広島で開催されたものの（そのことに満足して）政策は何ら変わらないのではないか、という問題意識である。だから、私たちは政府に対して具体的に変化を求める動きが必要だ、との観点から、この日本キャンペーンを模索してきた。市民がとまらないことを政治に、社会に示すためである。

キャンペーンをすすめるNGO連絡会の共同代表は次の6名だ。足立修一（核兵器廃絶をめざすヒロシマの会代表）、伊藤和子（ヒューマンライツ・ナウ副理事長）、大久保賢一（日本反核法律家協会会長）、川崎哲（ピースボート共同代表、核兵器廃絶国際キャンペーン（ICAN）国際運営委員）、田中熙巳（日本原水爆被害者団体協議会代表委員）、朝長万左男（核兵器廃絶地球市民長崎集会実行委員長）。

## 日本キャンペーンのアクション

これまでNGO連絡会では、超党派で各党への働きかけや、全政党の代表者を集めての「政策討論会」を毎夏、広島で（2020年〜）開催してきた。そこでは、国連の中満泉軍縮担当上級代表らが問題提起し、各党の政策を表明してもらい、具体的に各党がどのように核軍縮を実現するのか議論を求めてきた。議員事務所から「今年も8月に開催しますか？」と連絡がくるようになり、定着してきた。ただ、年に1回の討論会では、核兵器の廃絶は目指せない。だからキャンペーンを立ち上げた、毎国会前にこの「政策討論会」が開催され、各国会で頻繁に核軍縮や核兵器禁止条約の議論が生まれるような状況を作りだしたい。外務省にも同様にプレッシャーをかけたい。

「政治を動かす」の具体的な活動として、次のようなものを考えいている。定期的な「政府・超党派での意見交換会の開催」や核兵器禁止条約に関する解説冊子の作成、核兵器禁止条約参加に尽力することを約束する「ICAN議員誓約」の要請、国会質問の作成協力など。また、「市民の関心を高める」具体的な活動として、核兵器禁止条約に関するパンフレット・ビデオの作成と普及、「9月26日　核兵器廃絶国際デー」に合わせたイベント開催、専門家を招いて「核兵器禁止条約に日本が加わる道筋」の議論などを考えている。

## 私たち一人ひとりがキャンペナー

ＩＣＡＮ（核兵器廃絶キャンペーン）は、各国で活動する人たちが自発的に「ＩＣＡＮのキャンペナー」と名乗って、それぞれ思い思いの活動をしている。それが世界的な広がりを生み出した要素の一つだ。

来春発足する「日本キャンペーン」も、そのように発展していく予定だ。日本各地の団体・個人がつながりつつ、それらの力が、結集して、政府や政治を動かす働きかけがこれまで以上に強くなる。キャンペーンに関心を持ってくださった人を対象に毎月「説明会」をｚｏｏｍで開催している。ぜひご参加いただきたい。また、立ち上げのためクラウドファンディング及び、寄付を呼び掛けている。いずれも、「核なき世界を日本から」と検索し、特設サイト（https://nuclearabolitionjpn.com/）から参加可能だ。ぜひサイトを閲覧し、ともにアクションをしてほしい。

日本において核軍縮が進まない最大の要因は、議員や市民が「核兵器が安全保障に役に立つ」という言説を無思考に信じていることである。その再生産からどう脱却するかが、カギだ。日本政府は、「核保有国が入っていないから」という理由で、核兵器禁止条約に参加できないと表明してきた。もっともらしく聞こえるが、それは多くの人が「深く考えなくてもわかること」だから浸透しやすいのである。ただ、思考すれば、核兵器禁止条約が核保有国の参加を（すぐに）想定したものでないことや、核保有国が不参加でも、銀行や金融機関においてダイベストメントが進むこと、また国際人道法の核兵器に対する締め付けが強くなり、より核兵器を使うという判断がしにくくなることなど、核兵器廃絶の具体的な筋道となりうる。私たちは、それを誰にでもわかるように語り続けることが必要だ。一人ひとりが、「核兵器は本当に必要なのか」と問うことだ。日本キャンペーンは、その環を広げようとしている。

## 「社会の当たり前」を疑う対話を重ねる

「なぜ核兵器は廃絶する必要があると思いますか？」。私の講演は、その問いから始めるようにしている。（「廃絶すべきでない」と考える人には、その理由を伺う）。安保3文書の改訂などが続くが、日本の中高生・大学生（Z世代）でも、（核）抑止力の強化やミサイル防衛システムの強化を求める声はかなり強い。

私は核を語る文脈を再提起する必要があると考えている。つまり、被ばくによる身体的・社会的・痛みや破壊を、広島・長崎の問題のローカルな（地元の）体験から、人類共通の問題意識へ普遍化することだ。私の立場からは、核の抑止力を誰にでもわかる言葉で否定しながら、その矛盾を見つめる、試みを続けている。

6月下旬、京都の立命館宇治高等学校の3年生の皆さん2クラス、計100人と、「軍事力による抑止に頼らない平和の作り方」というテーマで対話（授業）を行った。（ご依頼をいただいた杉浦真理先生が創設した科目「グローバル・シティズンシップ」の一環。）最初に、「なぜ核兵器を持つのだろうか？　考えてほしい」と投げかけ、4～6人のグループで話し合ってもらった。マイクを向けると、「今は抑止が必要だから」「実際に使うわけではないけど、核を持っていたら、攻撃してこない」「大国同士の戦争を避けられている」「日本は日米安保条約を結んでいて、その結果、安全が守られている」と次々に返ってきた。政府の見解をそのまま答えた生徒もいた。私はそれぞれにフィードバックし、核抑止の論理を簡単に説明しつつ、「なんで核兵器が必要だと思うのか」何度も聞き、対話を深めていった。「社会の当たり前」を疑う経験だ。

対話を終えた教室には、新しい気付きを得たり、自分の認識の矛盾に気づいて考え込んだり、それでも腑に落ちなかったり、それぞれの反応をする生徒の皆さんがいた。終了後には「報道などで、核抑止が必要だと聞いて、当然のことと納得していたが、危険性を知り、考え方が少し変わった」「安全保障の話をきちんと議論する場が必要なんじゃないか」というコメントもたくさんあった。もちろん「核抑止が一定程度機能している」というコメントも出た。貴重な意見として、対話を深めた。それぞれの中で、核抑止の矛盾について考えるきっかけを持てたことが嬉しい。

近年、核兵器廃絶のために活動する10～20代が増えている。高校生も多い。知識も経験も豊かではないが、核廃絶のためにどんな役回りができるか、考え行動する。私たちは本気で課題を解決しようとしている。だから、読者のあなたも一緒に行動してほしい。これまで動いてきた人も、私たちと連携して、さらに環を広げよう。そうして意志ある一人ひとりの手によってつくられた社会は、今よりきっと、生きやすい。

# 『社会を変える言葉を持つ』

核政策を知りたい広島若者有権者の会（カクワカ広島）共同代表　田中美穂

## オバマの来広と私、そしてG7広島サミット

２０１６年5月、オバマ元米大統領が広島を訪問しました。当時私は学生で、地元・福岡からテレビを通してその様子を見ていました。オバマ元大統領と被爆者の方が抱き合うのを見て、良かった、これで核廃絶に向けて世界が動けばいいなと思ったのを今でも覚えています。すごく勝手に感動していました。広島で、あの様子を批判的に捉えている人がいるなんて考えもしなかったのです。当時の感覚が、今回の「G7広島サミット」に対する多くの人にとっての受け止めにぴったりと重なりました。今振り返ると、私は本当に他人事のように考えていたのだなと思います。社会がより良い方向に変わってほしいと願うことと、それに対して何もしないことが、簡単に両立してしまうということに過去の自分を通して気づかされました。でもその当時、自分からそのことに気づけたかと言えば、正直自信はありません。広島に来て初めて、被爆者や活動を続ける人たちの言葉を聞いてこの問題を知り、私も動かなければと思ったのです。

「一生気づかない人生を送るかもしれなかった私なのだから、今度は私もその声に続かないといけない」

## カクワカ広島

私は普段会社員として働きながら「核政策を知りたい広島若者有権者の会」（カクワカ広島）の共同代表として核廃絶に向けて動いています。「カクワカ広島」は、広島選出または広島にゆかりのある国会議員に直接会って、核政策についての姿勢、特に核兵器禁止条約についての考えを尋ねるロビイングをしています。2019年1月の発足以来、これまで18名中12名の国会議員のみなさんと面会することができました。面会の内容は、選挙のとき投票の判断材料にできるようにウェブサイトやSNSにアップしているのでぜひご覧ください。

国会議員との面会は、核政策に対するそれぞれの考え方をまず知るということを目的にやっていますが、私はみなさんから発せられる言葉の厚みに注目しています。広島選出の議員なので（なので?）、「核廃絶は政治家としてのゴールだ」とか「核なき世界を目指す」という言葉が必ず出てきますが、それに伴うアクションがなされているかと言えば疑問です。私たちは彼らが本当に考えていることを聞きたいのです。逆に言えば、思ってないなら例え広島の議員であっても「核廃絶を目指す」と言わなくてもいいと思うのです。表向きの対話や8月6日、9日のための言葉ではなく、本気で核廃絶を進めていくための議論を求めて「カクワカ広島」の活動をやっていますが、まだ私たちの力量不足。もっと切り込んでいきたいと思っています。

## 「全ての者にとっての安全が損なわれない形」って?

「思ってないなら言わなくていい」を丁寧に実践したのが「核軍縮に関するG7首脳広島ビジョン」

（以下「広島ビジョン」）だと思います。「被爆者」「非人道性」「核兵器禁止条約」といった言葉が見事に出てきませんでした。核廃絶国際キャンペーン（ICAN）のダニエル・ホグスタ暫定事務局長は「広島ビジョン」について、「新しい具体的なビジョンは見えない」と評しました。その通りだと思います。

「広島ビジョン」の中で、ただただ悲しく情けなかったのは「全ての者にとっての安全が損なわれない形での」という条件付きの核なき世界が謳われたことです。文字通り読めばそんなおかしなことを言っているようには読めないかもしれませんが、これは核保有国が「一方的に軍縮すれば、自国や同盟国の安全が損なわれてしまう」と言って核軍縮に取り組まないための言い訳です。それを広島で認めてしまいました。そもそもウラン採掘や核実験などで沢山の人の安全をすでに損ない続けてきたのに何言ってるんだと。「全ての者」にヒバクシャは入っていないのかと。前述のように、実際「広島ビジョン」の中には「被爆者」という言葉すら含まれず、核抑止を肯定する内容になってしまいました。核兵器が使われた地でこのビジョンが発出されたことは本当にグロテスクだと思います。この感覚が共有できない人が私たちのリーダーであり「核なき世界を」と言っていることが本当にグロテスクです。

私はこれまで「核兵器のない世界の実現がライフワーク」の岸田首相なら今は難しくても心の中には熱い想いがあっていつかやってくれるはずだと期待したり、ライフワークと言いながら実際の行動と矛盾していると批判したりすることが多々ありました。しかし、このビジョンが出されはっきり分かったのは、岸田首相は「核兵器のない世界の実現」がライフワークなのではなく「全ての者にとっての安全が損なわれない形での核兵器のない世界の実現」がライフワークなのだということです。省略せずにそう言ってくれたらいいのにと思います。

同じようなことがＬＧＢＴ理解増進法の中でも起きたと思っています。性的マイノリティへの「理解を促す」ものとして２０２３年６月16日に参議院本会議で可決、成立しましたが、その条文にも「全ての国民が安心して生活することができることとなるよう留意するものとする」という文言が盛り込まれました。マジョリティの安心が先、マイノリティの安心はその後と言っているようなものです。人権という概念がまるで分かってない。このような強者中心で進んでいく出来事がそこここで起こっていて、それに歯止めをかけることができないのがとても歯痒いです。またこういったことに怒りや疑問さえ湧いてこない人たちも少なくないという現状がシンプルに恐いと思います。でもそんな時「私だってそうだったじゃないか」と冒頭のエピソードに立ち返るのです。気づいた人がまた広げる、その連鎖なんだと思います。

## もうひとつのサミット

サミット自体は予想通り残念な結果でしたが、良い面もありました。それは、核廃絶だけでなく、さまざまな社会課題に向き合う全国のアクティビストたちと広島で出会えたことです。普段記事やＳＮＳを通して知っていた人たちと直接お話しすることができ、核兵器の問題との繋がりや、アクティビズムへの思いなどを語り合いました。その大きなきっかけが、『もうひとつのサミット〜Ｇ７の方向性、そっちで大丈夫そ?〜』というイベントでした。「Ｇ７広島サミット」に市民の声を届けるという目的で4月に開催された『みんなの市民サミット2023』の中の分科会の一つとして「カクワカ広島」を中心に全国で活動するアクティビストたちと企画しました。沖縄、福島、ジェンダー、気候変動、核兵器という五つの社会課題に向き合うそれぞれがなぜ声を上げるのか、「現実的」と言われる物事は本当に現実的なのかなどについて議論が進み、参加者一人ひとりにとって非常に重要な視点が得られる時間だったのではないかと思います。社会問題の交差性を言葉だけでなく人との触れ合いを通じて実際に感じられたこと、そして社会問題に声を上げる仲間の繋がりが広がったことがとても嬉しいです。この出会いはこれからの活動において大きなパワーになると確信しています。

## 社会を変える言葉を持つ、そして諦めない

G7サミットが終わった後、カクワカメンバーで福島を訪れる機会がありました。そこに行ってみないと分からない現地の人々の思いやメディアを通して見ている現状との乖離をひしひしと感じました。福島の12年と広島の78年のそれぞれの重みと共通点、私自身が取りこぼしてしまっていたものにも気づかされました。「復興」とか「核なき世界を目指す」とか、それだけで片付けられてしまうことの暴力性に改めて触れる時間だったように思います。

オバマが来広したときの当時の私のように、悪気のない感情や言葉が実は全く見当外れだったり、誰かの尊厳を踏みにじってしまったりすることは多々起こります。自分自身の持ち得る暴力性を自覚すると、社会のことを知れば知るほど声を上げるのが恐くなるということもあるでしょう。だからこそ、自分の中にあるそうした力や無知を認識しながら、これからも学び続けなければ、と思い

ます。広島のこと、長崎のこと、沖縄、福島、ジェンダー、気候危機、日本の加害、差別…。この永遠に続くリストを、まず丁寧に知っていきたいと思います。上辺だけのスローガンやその場限りの寄り添いではなく、本気で社会を変える言葉を研究し、自分のものにして、発していくことが必要です。

Ｇ７サミットからこの間、社会に絶望することが無情に積み重なっていく一方で、大きな前進も着実に増えていったことは事実です。それらの変化を生み出した人々に大きな拍手を送るとともに、社会は必ず変えられるということを忘れないでいたいと思います。とにかく黙らない。諦めない。もう沢山だと沸々と湧いてくる気持ちを大切にしながら、私も変化の一部になり続けます。命が失われなければ変われない社会を終わらせるために。

# 『はだしのゲン』削除・「ひろしま平和ノート」問題にG7の本質が

広島県歴史教育者協議会、教科書問題を考える市民ネットワーク・ひろしま　辻　隆広

## 広島市教委、平和教材『はだしのゲン』削除

私をはじめとして多くの人は、2023年2月16日の朝刊で驚くことになる。「広島市教委小3向け平和教材『はだしのゲン』削除　『被爆実態迫りにくい』」（中国新聞2023年2月16日）

児童の生活実態に合わない、漫画の一部では被爆の実態に迫りにくいなどの理由だという。広島市教委による平和ノートは2013年度に開始してから9年間、要望があってもほとんど改訂されていない。核兵器禁止条約成立（2017年）があっても、改訂資料を出そうとしなかった市教委が、なぜ今になって改訂なのか。

広島の子どもたちにとって大きな財産である『はだしのゲン』を広島市教委は被爆の実相を学ぶ教材として尊重し発展的に継承すべきだ。

## 広島の平和教育と「ひろしま平和ノート」

平和教育は、各学校が自主編成し独自に取り組んできた。1970年代後期から2000年ごろまで、広島市の平和教育は、原爆被害を戦争体験の原点において、教職員が共同で研修し作り上げてきた。

1998年に始まった文部省の「是正指導」（学習指導要領に準拠した教育に改めよ）や授業時間数の締め付けによって、現場の平和教育はやせ細っていった。

教育は子どもたちにとって人権そのものだが、教育行政では教員の人権が守られなかった。2000年には、職員会議が「法制化」され形骸化して、校長ひとりにすべてを決定する権限があることが強制された。つまり、平和教育の実践を職場で自主的につくることが否定された。加えて2013年から強制されたのが市教委による「広島市平和教育プログラム」（「ひろしま平和ノート」）である。小学校・中学校・（市立）高等学校の12年間、1年間に3時間しかないカリキュラムである。

## 「平和教育プログラム」そのものの変質（23年度4月から実施）

漫画『はだしのゲン』について今回の件で明らかになったのは、多くの人に愛されていたということ。「『はだしのゲン』を削除しないで」というネット署名は4カ月後の6月末、5万8千筆を越えている。

「教科書問題を考える市民ネットワーク・ひろしま」は、新聞報道があったのち、削除した理由と経過の情報開示を市教委に要求し、それを分析し、新旧の平和教育プログラムの検討を行った。同時に前述のネット署名に取り組んだ。

分析に取り組む過程でわかってきたことがある。『はだしのゲン』の削除だけではなく、他にも、「中沢啓治」も被爆体験が大きく削除、「サダコ」の削減、「第五福竜丸」の削除のことなど、広島にとって大切にするべき内容が次々と削除、削減されているという事実であった。

「核兵器廃絶」をめざす教育から「核抑止論」に立つ教育へ変質した。ねらいから「核兵器廃絶」が消えた授業、アメリカ追随の核抑止政策に立つ日本政府の安全保障政策を教え、教員に外務省ホームページの確認を指示する授業がある。そして「原爆を落とした米国人を恨むな」という心情だけが刷り込まれる。「共感」「許す心」のみで戦争の責任を問わない教育。それで、子どもたちにどんな未来を見せようというのか。

「今、戦争のことを学ぶのが大事～わたしたちの平和教育～〈G7広島サミットに抗して〉」というタイトルで学習会を実施した。報告した教員は、学年教員集団で提起し共同で論議し実践した。バラバラにされてきた学校現場でも、今、子どもたちに必要な教育をという思いで連帯が可能だ。

**23年4月。改訂版「ひろしま平和ノート」が現場に配布された**

G7広島サミット、やわらかい「戒厳」下の広島が出現した。

岸田首相は、空疎に高揚し、広島平和記念公園の「平和の軸線」の上で、「世界80億の民が広島市民となった時、地球上から核兵器はなくなるだろう」とヒロシマ版「八紘一宇（世界を一つの家とする)」を語った。

改訂版「ひろしま平和ノート」が現場に配布された

平和教育から、子どもたちの人権を排除して、学校現場をバラバラにしてきた先に、今までは見えなかったところでも（例えば「平和ノート」）、明確に戦争への歯車が回り始めている。それでも平和運動や平和教育実践の現場では市民が新たな問題意識を持ち、新たな連帯が生まれている。この報告もそういった事例のひとつと思う。

※教科書ネットひろしまブログを紹介。特に〈カテゴリ　平和教育〉：〈『はだしのゲン』削除問題とは〉〈美甘さん教材への疑問〉を参照。

# 今って平和なん？　子どもたちと考えたG7

広島市公立小学校　寺本　透

## 「主要国」ってなに？

広島市内で小学校五年生の担任をしている。勤務校は、平和公園まで約3㎞の場所にある。4月の遠足。目的地までの行き帰りには、県外ナンバーの警察車両十数台とすれ違う。授業中には、報道機関や自衛隊のヘリコプターが上空を飛ぶ。給食時間には、サミットの主会場である元宇品上空に浮かぶ気球（監視用）を見つけ、話題になる。校区には、日毎に警察官が増える物々しさ。G7サミット期間、各国首脳等の移動に伴う交通規制のため、3日間の臨時休校。子どもたちの日常に十分な影響を与えたG7。どれだけの成果があったのか、子どもたちと考えたいと思った。

給食の準備時間。良人が興奮気味に言う。

「先生！　今日の牛乳、いつもとちがう！」

見ると、牛乳の側面パッケージにG7各国の国旗が描かれている。さらに「国際社会における重要な課題について話し合うため主要国のリーダーが集まって開かれる会議のことだよ！」と、ご丁寧に説明が書かれてある。意味の分からない言葉に出会うと、聞いて確かめたくなる亮。「『主要国』ってなに？」。渉が答える。「主な国のことだろ」「じゃあ主な国ってなんなん？」。まだ納得していない様子の亮。こんな一コマからも、ハッと気付かされることがある。この世界の「主要国」って何だろう？

Ｇ７サミットが終わった数日後。岸田首相が原爆死没者慰霊碑の前で行った議長国記者会見。その一部を抜粋して子どもたちに見せた。「核兵器のない世界」って宣言しているのがいい、という意見が挙がる。一歩一歩前向きに進む感じがする、という意見だ。そんな中、一つの発言が子どもたちの思考を立ち止まらせる。

「『我々の子どもたち、孫たち、子孫たちが核兵器のない地球に暮らす理想に向かって』ってことは、今すぐには核は無くせんのんかね」

「何十年かかるんじゃろうね。何百年？」

この発言と同時に、Ｇ７首脳による共同文書「広島ビジョン」を提示した。そこには「我々の安全保障政策は、核兵器は、それが存在する限りにおいて、防衛目的のために役割を果たし、侵略を抑止し、並びに戦争及び威圧を防止すべきとの理解に基づいている」と記されてある。つまり、核抑止政策を堂々と正当化している。このことを子どもたちは見逃さない。

「さっきの記者会見と比べてみて、何か感じることはある？」

と、聞いた。

「動画（議長国記者会見）では、核兵器のない世界って言っていたのに、広島ビジョンでは、核兵器は国を守るために必要だって書いてある。なんかおかしい」（夏）

「日本は戦争に反対するのに、核兵器に賛成するというのは、首尾一貫していない。こんなあいまいなことでは、日本の国民は、核兵器や戦争に賛成してしまいそう」（悠介）

「ていうかなんで核兵器が必要って思う？　人が死ぬだけじゃん。意味わからんくなってきた」（太郎）

「核兵器があったら地球がほろびる。なんのためにある？　核兵器をなくすとかいってできていない所にいらいらする。地球がほろびたらあなたたちのせいですよ」（愛）

議長国記者会見などの公では「核兵器のない世界」という言葉を多用する一方で、核抑止は肯定するという矛盾に気付く子どもたちの感覚は鋭い。G7礼賛の熱狂の渦の中、最も冷静に物事を考えているのは子どもたちだ。

## G7は「平和」につながる？

G7が終わり、1カ月がたった。子どもたちに尋ねた。

「これまでの学習と生活を振り返って、あなたにとって、G7が広島で開かれたことがこれからの『平和』につながると思いますか。つながらないと思いますか」

子どもたちの考える「平和」とはなにか？　すでに考えていた。

・空が青くきれいで鳥が飛んでいる。人が苦しんでいなくて安心して暮らしている（咲）
・人、動物、植物が、争いもなく死なずに安心して幸せに過ごすこと（蒼）
・好きなことがぞんぶんにできる（夏美）
・おいしいご飯がたらふく食べられる（美波）

争いごとや苦しむ人が「ない」状態と、身の回りには鳥やご飯などが「ある」状態。「ふつうに学校に行けること」「友達と遊ぶこと」と、普段の生活から考えた子が多かった。「平和の誓いを共有した」と、強調されたサミットは、これらの「平和」につながるものになったのだろうか。理由とともに考える。

「どちらとも言えない」と答えた4人。

「いろんな国の人と核兵器のことについて話し合えたことは良かった。ただ、核兵器は持っていていいという考えになったのが良くない」（美波）

「つながる」と答えた5人。

「国の代表達が話し合えたことは大切なことだと思う」（夏美）

「G7がきっかけで、たくさんの人が平和とか核兵器について知ってくれたと思うから、平和につながる」（悠介）

「つながらない」と答えた22人。

「核兵器を必要だって言ってるんだから平和につながらん」（謙二）

「1カ月たっても、まだ戦争は続いている。どこの国も核兵器をなくそうとしていない。安心じゃない」（咲）

「主要国のG7が、まず核兵器をなくすべきなのにそうなってない。話し合った意味がない」（日菜）

「被爆者のサーローさんがこのG7を残念だったと言っていた。というより、おこっていた。被爆者から見ても失敗なら、平和につながると思えない」（渉）

核兵器は必要なんでしょ？　1カ月たっても戦争は続いてるじゃん。被爆者の願いが伝わらない会議ってなに?」と、訴える子どもたちの声が聞こえてくる。

**「私たちの平和宣言」**

ならば、「平和な世界」を目指す私たちの思いを伝えよう。「広島ビジョン」では、「我々は、~求める。」という一文が並べられ宣言となる。私たちが考えた「私たちの平和宣言」として、何を求めるのか、何を今こそ伝えたいのか。発出しようと呼びかけた。

「私たちの平和宣言」

私たち五年一組は、平和をねがう一人の人間として、78年前にここ広島でおこった事実を学んできました。

「なんで原爆が落とされたん?」
「なんで広島に落とされたん?」
「なんで核兵器ってなくならんのん?」
数多くの「なんで」を、友達と話し合う中で、ひとつの問いがうまれました。
「今って平和なん?」
私たちの考える「平和」。
・人が苦しんでいなくて安心して暮らしていること

・人、動物、植物が、争いもなく死なずに安心して幸せに過ごすこと
・好きなことがぞんぶんにできること
・おいしいご飯が食べられること
・毎日学校に行って友達と勉強したり遊んだりできること
私たちが今生きている街は平和でしょうか。広島は。日本は。世界は。
核兵器がある限り、安心で安全な国になるとは考えられません。G7サミットで発出された「広島ビジョン」は、核抑止政策を肯定し、核兵器廃絶を求めるものになっていません。
私たちは命ある一人の人間として、平和な世界を築くために次の6項目を求めます。
一．我々は、核兵器禁止条約への全ての国の支持、参加を求める
一．我々は、全ての人が被爆者の声に耳を傾け、聴くことを求める
一．我々は、戦争でどれだけ人間が苦しんだか実感できる資料館を全ての国につくることを求める
一．我々は、争いが起きた時には、武力ではなく話し合いで解決することを求める
一．我々は、二度と戦争が起きないように世界が協力することを求める
一．我々は、全ての人が安心してご飯を食べられ、学校に行き勉強できる世界を求める
私たちの考える平和への第一歩は、学ぶことです。国語、算数、理科、社会、体育。友達とじっくり考え合い、話し合い、解決していくこと。そして、身近な「平和」を大切にしていくこと。友達と遊び、家でおいしいご飯が食べられる。そんな日常を大切にすること。
私たちが生きるこの街がかつて一瞬のうちに破壊されたことを忘れません

私たちが生きるこの街でくらしていた人々の命がかつて一瞬のうちになくなったことを忘れません
私たちが生きるこの街でくらしていた人々の夢がかつて一瞬のうちになくなったことを忘れません
私たちが生きるこの街でくらす人の中に78年前の原爆投下のためにいまだに苦しんでいる人がいることを忘れません
私たちの平和を守るために 世界中の一人ひとりの平和のために ここ広島に生きる人間として学び続けることをここに決意し宣言します

二〇二三年七月七日　五年一組一同

〈参考引用文献〉「核軍縮に関するＧ７首脳広島ビジョン」外務省

# 岸田首相・松井市長は広島をどうしようとしているのか

日本ジャーナリスト会議広島支部　難波健治

間違いなく「新しい戦前」だな。いや、すでに「戦争準備態勢に入った」と言うべきだ。――毎日のようにそんな思いにとらわれる。個人的な経験で言えば、2013年の秘密保護法強行採決、15年の戦争法（「平和安全法制」）成立のときより、大きな不気味さを肌で感じる日々が続いている。こんな気分は、いつから始まったのだろうか。G7広島サミットの喧騒が始まったころからだ。

## 不気味さの中の『広島ビジョン』

不安を増幅するようなできごとが続いた。まず、広島サミット初日(5月19日)の夜に発表された『広島ビジョン』。この文書を被爆地・広島の心ある市民は信じられない思いで読んだ。地元紙・中国新聞は翌日に1面で「被爆地広島にとって受け入れがたい」と書いた。なぜか。「核兵器は『防衛目的のために役割を果たし、戦争および威圧を防止すべき』」と書き、核兵器の有効性と核抑止論を認めたからだ。

記事はさらに指摘する。「(核兵器)『廃絶』の文字もない」「核兵器禁止条約の意義を無視した」「このビジョンに被爆地が賛同したと世界に受け止められれば、ヒロシマの訴えは説得力を失うだろう」

この日、首脳たちは原爆資料館を見学、被爆者の証言に耳を傾け、原爆慰霊碑に花輪を手向けた。そのうえで、G7サミットとしては初めての核軍縮声明として出されたのが、『広島ビジョン』だった。広島は、サミットの議長を務めた岸田文雄首相の地元であり、選挙区でもある。市民は動いた。「原爆の日・8月6日の平和宣言で、この広島ビジョンの『核抑止肯定』を明確に否定せよ」「国と自治体は、考えが違って当然だ」「核抑止を否定しなかったら、世界の人々は『広島ビジョン』が被爆地広島の考えだと受け止める」。市民団体の代表たちが、次々と松井一實・広島市長に迫った。当然、長崎でも同様の声が挙がった。

## パールハーバーと姉妹公園

さらに新しい動きが起きた。6月29日、広島市長は東京の米国大使館に出向き、米ハワイ州にあるパールハーバー国立記念公園と広島平和記念公園との「姉妹公園協定」に調印した。この予定を市が発表したのは、調印のわずか1週間前。『広島ビジョン』に続く大きな衝撃を市民に与えた。サミットを機に米側から申し出があり、広島市は応諾していた。松井市長は「かつて敵味方に分かれていた日米両国の市民にとって友好の懸け橋になる」と強調する。しかし、唐突な「友好の合意」の押し付けに戸惑った市民は少なくない。

「G7広島サミットを考えるヒロシマ市民の会」は直ちに市役所を訪れ、市長に「協定の締結を保留し、全市的な議論を始める」ことを求めた。協定は締結されたが、その後も、他の市民団体による申し入れや抗議の街頭宣伝が続いている。

識者もすぐ反応した。広島大学平和センターの川野徳幸教授は「協定は、旧日本軍による真珠湾攻撃と米軍による広島への原爆投下を同一線上に並べるもの」としたうえで、「真珠湾が戦争の始まりでその帰結がヒロシマだとすれば、原爆を落とされたのは『因果応報』で『正しかった』とされかねない」と強く危惧。平岡敬・元広島市長は、パールハーバー国立公園の主要施設が「軍艦の名前である」ことを挙げ、「原爆投下は戦争終結のために必要で正当な行為だとする歴史観と地続きだ」と協定を批判する。

日本近現代史の研究者、高嶋伸欣・琉球大学名誉教授はこれまでに同公園を二度訪れた。公園内には戦勝記念施設の一つとして潜水艦ボーフィン号を岸壁に係留。その艦橋の側面には、同艦が沈めた日本の艦船の数を「日の丸」の数で誇示しており、その撃沈船には沖縄からの学童疎開船「対馬丸」が含まれている。

公園は米海軍基地内にある。立ち入るには荷物なども制限しており、オープンで出入り自由な広島平和記念公園とは沿革も趣旨もまったく異なる存在といえる。

## 原爆投下を赦（ゆる）し、日米共同へ

米国から申し出があったら即、応諾。事実上言いなりのような関係をどう見るか。

このところ広島では、「原爆投下責任を米国に問わず、謝罪は求めない」とか「未来志向で赦（ゆる）す関係づくりを」などという言説が目立つ。

広島市教委が、作成した平和教材「ひろしま平和ノート」から漫画『はだしのゲン』を削除した

問題は全国的な反響を呼んだ。この平和教材の改訂問題は、「ゲン」の削除にとどまらず、「第五福竜丸事件」の記述の消去、さらには、「赦す」という言葉をキーワードにした被爆者証言を大きく取り上げていることなどが表面化している。

教材に新しく採用されたこの証言は、被爆者本人（故人）が書いたものではない。娘である心理学者（米国在住）が、父親から長年にわたって聞いてきた体験を書き起こした本から引用した。原本の「あとがき」で著者は次のようなことを述べている。

著者が、米国の大学の博士課程で学んだ時の指導教授（心理療法が専門）の話（教授の固有名詞は記載されていない）。「教授は、〈共感〉の極端な例を挙げてさらに説明しました。そのユダヤ系の教授は、ホロコーストの生存者の子孫でした。教授は言いました。『たとえば、ホロコーストの生存者がアウシュビッツの司令官であったルドルフ・ヘスに共感することが可能です。（中略）ヘスがなぜあのような行動をとったのかをホロコーストの生存者が理解しようとすることは可能なのです』」

ホロコーストの生存者が、アウシュビッツの司令官がとった行動について共感する…。中国大陸で、日本軍の三光作戦に出会った人たちに、作戦を命じた日本軍司令官への〈共感〉を求めるのか。そんな「あとがき」を書く著者の文章が、なぜ、広島市の平和教材として8ページ余りにわたって採用されたのか（中3で1ページ、高1で7ページ余り）。

市教委を再三訪ねても、改訂の理由、狙いを具体的に聞けないでいる。

## 市民に門戸を開かない行政

関連してさらに言いたいことがある。行政が主権者である市民に開かれていない。『はだしのゲン』と第五福竜丸事件の削除、「赦し」を強調する文章の採用。いずれも、「いつ」「だれが」「どこで」決めたのかはっきりしない。議会の追及にも、「教委の責任で行った」と述べるだけだ。平和教材の作成と改訂は「平和教育プログラム策定委員」「同プログラム検証会議」「同改訂会議」などの組織がつくられ、「作業部会」もあったことが教材の末尾に書いてある。しかし、これらの委員や会議には権限も責任もなく、ただ、意見を述べるだけで、決定権はすべて行政の側にある。

この問題に限らず、大きな問題になった市立中央図書館の移転も同じような決定過程をたどっている。トップの「独断専行」を許す、むしろ奨励する行政システムになっているのだ。

「平和とは、民主主義と抱き合わせで実現するもの」と私は考える。だとすれば、被爆地の市の行政に民主主義が存在しない事態は由々しきことと言わざるを得ない。

## 強制ではなかった宮島入島規制

最後に、G7広島サミットに関する「裏話」を一つ紹介しておきたい。

5月19~21日まで3日間にわたって開かれたG7広島サミットには、全国から2万4千人もの警官が動員され、ものものしい警備態勢が敷かれた。

メイン会議場となったプリンスホテルのある南区元宇品地区は人の子一人も潜り込めない厳重な警戒のもと、「異様な雰囲気」に包まれた、と住民は証言する。

この元宇品地区と同じような「入域規制」が、広島市の隣・廿日市市の対岸、世界遺産厳島神社がある宮島エリアでも18日正午から実施された。「島の住民と、島民生活に必要な業務をする人には『識別証』を交付して島への出入りを認めるが、それ以外の人は入島できない」と報道、広報された。

島ぐるみの規制について田村和之広島大学名誉教授（行政法）が疑問を抱いた。「このやり方には法的根拠はない」。共鳴した市民が、廿日市市やサミット県民会議、外務省に問い合わせると、いずれも田村さんの指摘通り「法的根拠なし。規制はあくまでお願い。要請にすぎない」ということだった。

そこで規制が実施された18日午後、私を含む4人が本土側のフェリー乗り場に出向き、居合わせた外務省職員とやり取りした。結果、外務省が折れ、4人は識別証なし、本人確認もなし、手荷物チェックだけで、スムーズに島に渡ることができた。

島には10人を超える報道陣がいた。「報道記者も規制の対象なので、規制実施前の午前中早い時間に島に入った」という。「規制には、法的根拠がない。われわれは何の規制も受けずに渡ってきた」と4人が告げると、記者はぽかんとした表情だった。

主催者の発表をうのみにした報道は結局、何をもたらすか。戦争は、こうして始まっていくのではないか。そのことに気づかないメディアの状況がまた恐ろしい。

# 「広島ビジョン」に異議あり

元広島市長　平岡　敬

## 核兵器禁止条約に全く触れない

広島・長崎の被爆者をはじめ、平和を求める多くの人々の期待を裏切ったG7広島サミットを、岸田首相とその取り巻きは「大成功」と自画自賛している。

核爆弾によって十数万の市民が虐殺された広島の地で開かれたサミットである以上、「核なき世界」への模索、努力が求められたにもかかわらず、発表された「核軍縮に関するG7首脳広島ビジョン」に新しいものは何もなかった。そこでは「核兵器は、それが存在する限りにおいて、防衛目的のために役割を果たし、侵略を抑止し、並びに戦争及び威圧を防止」するものだという持って回った言い回しで核兵器の有用性を強調して、「核抑止」を正当化している。

広島の名を冠して、核兵器を認めるビジョンが出されたことは、世界の核廃絶を望む人々から「広島は核廃絶のシンボル都市ではないか。一体広島は何を考えているのだ」という疑問を持たれる可能性がある。

また、広島ビジョンは核兵器禁止条約に全く触れていない。2021年に発効したこの条約は、122の国の賛成によって国連で採択されている。つまり、世界の大多数の人々が求めた条約である。

前文に「ヒバクシャ」の文言があり、広島・長崎の被爆者の訴えを真正面から受け止めている。しかし、広島ビジョンは、核兵器のない世界を目指すこの条約を無視している。日本政府をはじめ核保有国がこの条約に背を向けているからである。

このことからも分かるように、広島ビジョンは西側の主張と国家の論理にからめとられた論理構成になっている。国家の論理を乗り超え、地球市民、世界市民の立場で訴えてきた広島は「広島ビジョン」に反論し、否定していかなければならない。

## 地球市民の立場で平和を求める

広島の思想の原点は、核兵器廃絶と世界平和の確立である。核兵器廃絶とは、文字通り地球上から核兵器を無くすということ、また世界平和の確立とは世界から戦争を無くすということである。

アジア太平洋戦争が日本の敗北で終わったとき、焼け野原となった広島で生き残った市民たちは、こう思った。

「戦争はゴメンだ」「原爆のような新兵器が出現した以上、もう戦争は出来ないし、してはならない」

そのためには、国家の枠を超えた世界連邦が必要だと考えた。

第二次世界大戦後成立した国際連合は戦争防止力が弱いと感じた世界の科学者、文化人が、世界連邦を創ることで戦争を無くそうとして、1947年から始まったのが世界連邦運動である。この年の夏、広島市で世界連邦設立を求める署名運動が展開された。8月11日から22日までの短期間で実に10万7854人の署名が集まった。当時の浜井信三市長がその署名と請願書を米国のトルーマン大統領に送ったが、トルーマンは受け取りを拒否した。しかし、広島市民の世界連邦への熱望は途切れなかった。

1954（昭和29）年10月30日に、広島市議会は「全世界の人々と相結んで世界連邦をつくることを宣言する」という世界連邦都市宣言を決議した。

このように、広島の市民は国家の枠を超えて地球市民、世界市民の立場に立って平和を求めている。

## 広島市は「広島ビジョン」を否定すべき

ところが、岸田首相は国会にも諮らず、国民への説明も無く、昨年12月に、安保3文書と軍事費倍増を決め、今年1月に米国のバイデン大統領に報告に行った。これによって、日本は従来の「専守防衛」路線を捨て去り、反撃能力（敵基地攻撃能力）と中国敵視を明らかにした。つまり日本は「戦争をしない国」から「戦争のできる国」、さらには「戦争をさせられる国」へと変わってしまった。

このような状況の中で開かれた広島サミットが、ロシア非難、ウクライナ支援で一致という米国の描いたシナリオ通りの結果になったのは当然である。

岸田首相は、議長としてウクライナ戦争を一刻も早く終わらせるための即時停戦や、核なき世界への道筋の発見などへ議論をリードすべきであったが、世界を分断する真逆の結果となった。これでは、岸田首相が人気取りや政権浮揚のために広島にサミットを誘致したと勘ぐられても仕方ない。

さらに言うならば、広島サミットは日本の対米従属の現実をあからさまに見せつけた。バイデン大統領は日本の玄関口からではなく、岩国基地に降り立ち、ヘリコプターで広島入りした。2016

年に広島に来たオバマ大統領（当時）も、横田基地から岩国基地経由だった。まさに日本の主権を無視した振る舞いである。

ゼレンスキー大統領の武器ねだりといい、対中包囲網の強化といい、「ヒロシマブランド」がいいように利用されたサミットであった。

「広島ビジョン」が世界に向けて発せられたため、広島が国と一体で核抑止を認め、核兵器廃絶の旗を降ろしたと思われる恐れがある。今年8月6日、平和宣言が発表される。広島市は世界に向けて、「広島ビジョン」を否定し、核問題では広島市と国は意見を異にすることを表明すべきである。

# 「このままでいいの⁉」を行動に‼
# 再び戦争する国にさせないために

広島の文化の未来を考える教職員の会・代表　藤川晴美

## 「このままでいいの⁉」――中央図書館等移転問題から始まった「教職員の会」

私たち、教職員の会（広島の文化の未来を考える教職員の会）は、２０２３年2月に産声をあげました。きっかけは、２０２１年11月に広島市が突然発表した「中央公園内のこども図書館、中央図書館、映像文化ライブラリー等の図書館群を広島駅前の築20年の中古の商業施設内（8、9、10F）に移転する」という問題でした。広島市は今、にぎわいづくりと称して、次々と大型開発事業を打ち出し膨大な税金を注ぎ込んでいます。広島駅周辺や市中心部の再開発と中央公園内の公共施設の集約化を進める中での発表でした。しかも、「移転」が広島駅南口開発株式会社（第三セクター）の赤字補填のためだということも明らかになりました。大型開発に税金が使われる分、教育や福祉の予算は削られ、どんどん魅力のない住みにくい街になっています。広島市が政令指定都市でありながら、中国地方で流出人口ワースト1なのも残念ながら当然です。

このままでいいの⁉　私たちに何かできることはないの？……と、退職婦人教職員の会に声をかけ、子どもたちに希望ある文化の未来を手渡すために共に行動しようと、「広島の文化の未来を考える教職員の会」は生まれました。

## 国際平和文化都市にふさわしい図書館を!!

広島市は、「三度核兵器を使わせてはならない」という信念のもと、平和記念都市建設法に基づき、平和を求めて原爆の惨禍から立ち上がり復興してきた街です。国内外から多くの人が広島に平和を学びに訪れます。その国際平和文化都市広島にある文化の拠点「中央図書館(基幹図書館)」は国際社会において「平和」に貢献できる人を育てる重要な役割も担っています。広島市の中央図書館等移転問題は、「世界のヒロシマ」の平和の文化の問題なのです。

しかも、現在の「中央図書館」「こども図書館」「映像文化ライブラリー」の3館および「こども文化科学館」や「青少年センター」等の公共施設は、平和記念公園から続く「平和の軸線」の延長上にある中央公園内に位置しており、世界文化遺産の原爆ドームの北側にあります。被爆した金属を集め鋳造した「平和の鐘」や被爆樹木もある平和の文化エリアです。原爆の惨禍に打ちのめされた市民が、それでも平和の文化を子どもたちのために花咲かせたいと願い、行政と一緒になって、苦難の末に一つひとつの公共施設を建設し守ってきた場所です。まさに、平和を発信するにふさわしい場所なのです。そんな中央公園に刻まれた被爆と復興の歴史を蔑ろにしていいのでしょうか。儲け優先の大型開発事業ばかりに湯水のごとく税金を使い、中央公園をリゾートパークにしてしまっていいのでしょうか。図書館は単に本の貸し借りだけでなく、情報の拠点であり、思考を練り感性を育む場所です。だからこそ、復興の歴史の刻まれた、緑豊かで静かな環境の中央公園内にあってほしいのです。

## 問われる広島市政と市議会の民主主義

私たち教職員は、広島に育つ子どもたちが「ヒロシマ」を伝えられる人であってほしい、相手の立場や考えを尊重し、誰もが平等に認められ幸せに暮らせる未来を築いていってほしい、そのための生きる力を身に付けてほしいと願い、平和教育に取り組んできました。だからこそ、この問題を黙って見過ごしてはいけないと活動を始めました。議会を傍聴し、請願書を出し、他の市民団体と一緒に署名活動や街頭宣伝で訴え、ニュースレターを出し…。2023年6月に提出した請願署名では多くの協力を頂き、僅か1カ月半という短期間で市内をはじめ全国から5473筆も寄せて頂きました。今も届いています。

が、行政の壁は厚く、2回提出した請願書は継続審査という廃案及び棚上げです。しかも、請願署名提出の際、市議会議長は「提出しても今さら結果は変わらない」と憲法に保障された請願権を軽視する発言をしました（抗議文提出）。また、市議会の全会一致で決まった3案（現地建て替え、平和公園内での建て替え、商業施設内への移転）の丁寧な比較検討も行われない（2案のみの提示）まま、第三セクターの赤字補填のために中央図書館等が利用されるのです。広島市政と市議会の民主主義が問われます。

## このままでいいの⁉――「はだしのゲン」削除問題

中央図書館等移転問題をきっかけにスタートした教職員の会でしたが、事はその問題だけにとどまっていられなくなりました。

2023年2月、広島市教育委員会が平和教育プロジェクトの平和教材「平和ノート（小学校低学年用）」から「はだしのゲン」を削除すると突然発表したのです。削除の理由は、ゲンが鯉を盗む場面が道徳上ふさわしくないとか、浪曲が子どもたちに理解しにくいという理由でした。唖然としました。なぜ、ゲンが鯉を盗もうとしたのか、それを授業の中で子どもたちが考える、それが教育です。子どもたちでさえも、容赦なく追い込むのが戦争です。それを学ぶために「浪曲」の理解が壁になるとは思えません。教師の授業力と子どもたちの理解力を愚弄しています。「このままでいいの⁉」「何かできることはないの⁉」と教職員の会で話し合い、他の市民団体と一緒に連名で抗議文を市教委に提出しました。

続いて、「平和ノート（中学校）」から「第五福竜丸」を削除することも分かり、再び他の市民団体と一緒に連名で抗議文を市教委に提出しました。

7月には、この問題を広く市民に知ってもらい、何が問題なのかを一緒に考えてもらうために学習会を企画し、「平和ノート」が導入された歴史と改訂の内容を学びました。小、中、高の平和ノートの改訂の内容を俯瞰して見ると、そこには、アメリカとのパートナーシップによる安全保障を教育の場に浸透させるねらいが見えてきました。当日は、大雨警報の中、57名もの参加があり、市民の関心の高さがうかがえました。テレビ局2社、「しんぶん赤旗」の取材も入りました。

## このままでいいの!?――「広島ビジョン」

5月19~21日、広島でG7広島サミット(先進7か国首脳会議)が行われました。被爆地広島での開催とあって、核兵器廃絶やウクライナでの戦争の停戦に向けて糸口が見出されるかと、わずかながら期待もありましたが、見事に裏切られました。核兵器廃絶を願う広島で発表された「広島ビジョン」が、あろうことか核抑止論を容認するものでした。しかもゼレンスキー大統領の電撃参加により、一層の西側諸国だけの結束のアピールの場となりました。失望を通り越して怒りが湧いてきました。そして「はだしのゲン」「第五福竜丸」削除は、G7広島サミットへのプロローグであり、原爆投下と水爆実験を行った歴史を持つアメリカへの忖度だったのだと感じました。

市内では、G7広島サミット開催に向けて、キョウチクトウ(被爆後、いち早く花咲かせた)が無残に伐採され(首脳警護のため)、会場近辺の学校は休校、保育園も休園。全国から警察、機動隊が集結し、戒厳令を思わせる異様な光景が見られました。歓迎と感謝の場に集められた近隣の小学生と、熱狂的に迎える人々の姿に、かつて日本中が戦争に駆り立てられていった時代が重なって見えたのは私だけでしょうか。

## このままでいいの!?――「パールハーバー国立公園との姉妹協定締結」

さらに、追い打ちをかけるように「平和記念公園とパールハーバー国立公園との姉妹協定締結」が7月突然発表されました。なぜ、このタイミングなのか、どこの場で論議されたのか…疑念は深まるばかりです。しかも、アメリカの原爆投下の責任を問わない「許す心」が「平和ノート」に示されたように、アメリカとの一層のパートナーシップを教育現場に浸透させるための、さらなる動きがあるのではないかと懸念されます。

## 「このままでいいの⁉」を行動に‼

これまでの取り組みの中で分かってきたこと。それは、今、市民や国民の願いを置き去りにした政治が行われているということです。被爆者の方が言われます。「戦前と雰囲気が似てきた」と。アメリカに言われるがまま、戦争を始める準備に膨大な予算を組む政府。しかも、その財源は税金です。生活を切り詰めて収めた税金がミサイル購入に使われるのです。なぜ、私たち国民のくらしのために使われないのか。将来の日本を担う子どもたちの教育のために使われないのか。戦争などやっている場合ではありません。気候危機、貧困と格差、パンデミック…など、切迫したこれらの課題にこそ、世界が共に向き合うべきです。

次々と湧いてくる「このままでいいの⁉」を飲み込んでしまってはいけないということ、そして「このままでいいの⁉」と思うだけでなく、行動に移していかないと何も変わらないことも分かってきました。平和公園の原爆死没者慰霊碑（平和都市記念碑）に「安らかに眠ってください　過ちは繰返しませぬから」と刻まれています。戦争の愚かさと核兵器の悲惨さを思い知らされたゆえの誓いの言葉です。そして、私たちの国には「二度と戦争をしない」と誓った世界に誇れる憲法があります。その誓いに応えて行けるように、私たちにできることは微々たるものであっても、これからも諦めず声をあげ続けたいと思います！

2023年3月に広島サミットのために理不尽に切られた（写真左）本川沿いのキョウチクトウに花が咲きました（写真右、同6月）

最後に――嬉しいことがありました。G7広島サミットのために伐採された（首脳警護のため）平和公園西側を流れる本川沿いのキョウチクトウが先日、花を付けていたのを見つけたのです。被爆後いち早く花咲いたキョウチクトウが、今回の理不尽な扱いにもめげず、健気に咲いているのを見て、私たちも負けてはいけない、諦めてはいけないと勇気づけられました。

皆さん、次々と降って湧いてくるこの国の理不尽さに、これからもめげないで一緒に立ち向かっていきましょう!!

# 子どもたちに安心と未来への希望を創り出すために

広島市公立小学校　藤中　茂

## G7サミットと教育への介入

2023年4月、翌月に控えた「G7広島サミット」を前に、広島市内の学校は混乱を極めました。その予感は、3月からありました。初めは教務主任の報告からでした。私の勤める学校では、教務主任から研修の報告として「G7サミットに関わる授業を行うようにと、教育委員会から指示があった」ことが伝えられました。教育行政による教育内容へのあからさまな介入でした。私はすぐに学校の持つ教育内容編成権への介入ではないかと指摘をしましたが、「絶対しなければならないということではなく、できればやってほしいということだった」と説明され、その問題は片付けられてしまいました。この「絶対ということではない」という言い方は、この間のさまざまな介入の逃げ道として使われる、言わば「常とう手段」です。

続いて3月の末には、図書館司書担当教諭から、「教育委員会が予算を付けるので、5月には子ども新聞を3社以上購入し、G7について学習するように」との指示が学校に伝えられました。これまで財政上困難との理由で、削減され続けてきた学校予算も、G7関連となると、いとも簡単に数百万円の予算が上積みされるということに矛盾を感じざるを得ませんでした。

## 「G7サミット」に振り回された4月

4月に入り、「G7広島サミット」を挟む日を加えた5月18日（木）、19日（金）、22日（月）の給食の中止が伝えられました。理由は、「G7サミットに伴う交通規制のために食材の配送などが確実に実施できないため」ということでした。開催までひと月ほどになったところで、学校はその日の日程をどうするのかという判断を迫られる事態となりました。弁当持参での授業日とするのか、お昼までで終わるのか、それとも臨時休校にするのか。その前に、子どもたちは登校できたとしても、教職員は通勤できるのか。そもそも、交通規制がいつどこで行われるのかもわからない中、どうやって判断すればいいのか。小出しにされる情報に、学校は翻弄されます。

ある市内行政区の校長会は、いったんは「すべての学校で臨時休校」と決めながら、数日後には「学校ごとの判断」に変更したり、「教育委員会事務局の指示を待つ」、または「校長会の決定を待つ」と言い続けて判断を先延ばしにする学校があったり、中学校区で対応を統一するところやばらばらなところなど、本当に学校は「G7サミット」に振り回された4月でした。当然のこととは言え、最終的に学校ごとの判断が保障されたことはよかったのですが、そのような混乱ぶりでしたから、最終の決定が保護者に伝わったのは、G7までひと月足らずの時期となり、混乱は学校だけにとどまりませんでした。

## 市民の暮らしよりもサミット優先

一方、市内中心部には、日増しに警察官の姿が増えていき、最後は数メートルおきに警官が立ち並ぶという物々しい雰囲気が広がりました。学校や家庭の混乱をよそに、「G7サミット」の開催が何よりも優先されると言わんばかりの様子から、「国家総動員法」により、市民の暮らしよりも戦争が優先された時代をイメージしたのは、私だけではないのではないでしょうか。

5月に入り、私の学校でも「子ども新聞」が配られました。1面2面はG7特集です。1面の「G7サミット」の説明には、「世界的な問題の解決にあたるとき、違う国の意見をまとめることは難しい。例えば地球温暖化についても、先進国が温室効果ガスの排出量を減らそうと提案しても途上国が反発する。そこで価値観が近い先進国が集まって話し合い、解決策を首脳宣言として世界に示す」といった内容が掲載されています。途上国の反発が問題であるという主旨で書かれているのです。しかし、外務省のホームページの中にあるキッズ外務省では「世界の統計2022」から排出量のベストテン国（2019年）が示されており、G7の中から4カ国が入っています。この事実を子どもたちはどう受け止めるのでしょうか。

## 子どもたちは、直感的に本質を見抜いている

ちょうどこの時期、小学校3年生は国語辞典の使い方を学習していました。「G7広島サミット」という言葉は、毎日、幾度となくテレビでCMなどが放送されており、子どもたちも知っていたのですが、それが何なのかはわかっていませんでした。そこで私は子どもたちと「サミット」を国語辞典で調べてみることにしました。すると、どの辞典にも「主要国首脳会議」とありました。3年生にとっては、「主要」も「首脳」もさらに調べないと分かりにくい言葉ですので、さらに調べないといけな

いなと思っていた時です。ひとりの子が「8つの国の名前が書いてある」と言いました。その子の辞典はお兄ちゃんが使っていたもので、G8時代の辞典でした。その子に国名を言ってもらい黒板に書いていきました。ロシアの名前が出たとたんに、別の子が「ロシアは戦争するから外されたんだ」と言いました。

また、このサミットのテーマとして岸田総理が掲げた「対立と分断から協調へ」の「協調」という言葉も辞典で調べました。「『対立』はなんかけんかしてる感じ」「『分断』はばらばらな感じ」と、なんとなくわかるのですが、「協調」は全く意味がつかめないようだったからです。すると、ある国語辞典には「考えや性格のちがう人どうしが、力を合わせて問題を解決したり、仕事をしたりすること。「例：国際協調」」と説明されていました。

私は、「力を合わせるためにはどうしたらいいのかな?」と問いました。子どもたちからは、「ロシアと話し合うことだ」と返ってきました。子どもたちには、直感的に本質を見抜き、確信に迫る力があるのだと感じさせられる場面でした。

## 話し合って解決する姿を子どもたちに見せるのが私たち大人の責任

サミット終了後は、マスコミによる「大成功アピールキャンペーン」が繰り広げられましたが、それに反発するようにサミットに対する批判的な意見も大きくなり、少しずつ報道されるようになっていきました。学校は変わらない忙しさの中、「G7広島サミット」は話題に上ることもなく日々が過ぎていきました。G7関連の報道がなくなったころ、ふとした会話の中で私は職場の青年教師に

「G7サミットどう思った？」と聞いてみました。すると彼は「G7広島サミットは外交的には成功したんじゃないですか」と応えました。「どうして？」と聞くと、「だってG7サミットって、年に1回の接待ツアーでしょ」ということでした。

子どもも大人も、みんな気づいているし、わかっているのだと思います。今、日本政府がやっていることがどういうことなのか。今やるべきことは何なのか。核抑止は成立するのか。核廃絶を究極の理想としていていいのか。みんなが気づいているということに気づいていないのは「裸の王様」だけです。

しかし、自ら進んで声を出す人は残念ながら少ないのかもしれません。だからこそ、声に出されていない思いを聞き取り、それを集め、大きな声を創り出していくことが求められているのだと思います。その声によって政治が変わり世の中が変わっていく様子を子どもたちに見せることが、子どもたちに民主主義を教えることにもなります。

2022年ロシアがウクライナに侵攻をはじめた時、リアルタイムで戦争による悲惨な状況が報道されるのを目の当たりにしながら、子どもたちは言いました。「大人なんだからきちんと話し合って解決してほしい」と。話し合って解決する姿を子どもたちに見せるのが私たち大人の責任だと思います。そしてそれが、子どもたちの安心と未来への希望を創り出すことにつながるのだと思います。

ヒロシマは今年78回目の夏を迎えました。被爆地ヒロシマの教職員として、「教え子を再び戦場へ送らない」「核兵器との共存はできない」との強い思いをもって、これからも核廃絶への歩みを進めていきたいと思います。

# 大騒ぎのG7広島サミット！　核廃絶はどうなる

広島大学名誉教授　舟橋喜恵

## ウクライナ訪問

広島の被爆者と一緒に初めてウクライナを訪れたのは1996年夏、1986年4月26日午前1時23分に起こったチェルノブイリ原子力発電所の事故から10年が経過していた。地図でみるとチェルノブイリ原子力発電所はウクライナとベラルーシの間にあるが、発電所はすっぽりウクライナ国の中にあって、広島の人にとっての8月6日は、ウクライナの人にとってはまさしく4月26日であった。

事故から10年がたっていたから発電所の見学も可能になりつつあり、広島からも発電所を訪れた人たちがおられ、彼らのチェルノブイリ見学体験、その様子などが日本でも報道されていたから、ご記憶の方もおられるだろう。滞在期間が短い私たちには発電所行きは難しかった。私たちの目的は、チェルノブイリ原子力発電所の被害者たちと広島被爆者の体験交流だったから、ウクライナの首都キーウにとどまって、チェルノブイリから避難してきた人たちの体験を聞いた。ウクライナへの入国はその後のウクライナ訪問も含め、いつもオーストリアのウィーン経由だった。モスクワ経由だと日本から持参した救援品が空港で戻ってこないこともあり、その危険を避けるためだと聞いた。私たちを送り出してくれた日本のグループは、当時すでにチェルノブイリの被害者たちや研究者たちを日本へ招いて活動をすすめておられ、ウクライナへ入る方法も熟知しておられた。体験豊富なスタッフのおかげで、私たちは無事に交流をすすめることができた。グループの代表甲斐等氏はいまも活躍中である。

ウクライナの首都キーウには発電所から避難してきた人たちが沢山住んでおられた。当時の広島では少なかった高層のマンションに住む避難者は、しばしば起こる停電のたびに、階段を一段一段自分の足でのぼらなければならなかった。そういう苦労を抱えながら避難者たちが共通して発言されたのは、日本の被爆者に会って、私たちも被爆者と同じように長生きできるんだとわかった、それが何よりうれしいという言葉だった。忘れられない言葉である。

## ウクライナのこれから

そのウクライナがロシアの侵攻によって戦争状態になって1年半、今後ウクライナはどうなるのか。２０２３年5月19〜21日の3日間にわたって広島で開催された先進7カ国首脳会議（G7サミット）では、首脳たちはウクライナへの軍事支援をさらに強化する考えを打ちだした。しかも初日に発表された「広島ビジョン」では、核軍縮の新しい方策を提示することはなかった。サミット前日に行われた日米首脳会談で岸田首相は日本の防衛力強化を約束し核抑止力論を打ちだしていたから、会議のはじまる前から今回のG7サミットには何も期待できないだろうと思わせられた。紙幅の都合で言及できない問題もあるが、外へは戦争を終わらせるためのウクライナ支援強化をよびかけ、内では防衛力強化をすすめる。これが岸田首相の考えであることは間違いなかった。

核兵器廃絶は簡単には実現できない難しい課題である。だからこそ、じっくり議論してほしかったが、はじめから内容が決まっているような「広島ビジョン」では、どうしようもない。核兵器廃絶という言葉もなければ、核兵器禁止条約への言及もないという批判が各方面からでているが、こんなビジョンに「広島」の名前を使われてはたまらない。

## 地元広島の住民たちが受けた影響

Ｇ７サミットによって地元は予想以上の制約を受けた。Ｇ７の３日間プラス前後の１日ずつ合計５日間、広島市とその近郊、そして首脳たちが訪れた世界遺産の厳島神社のある宮島でも、日常生活でいろんな行動をしないよう求められた。その内容がＧ７サミット終了後に明らかになりつつある。広島教育研究所の高橋信雄氏が同研究所の発行している「ヒロシマの子育て・教育」第３６３号（２０２３・６）に執筆された内容によると、全国から動員された警察官は２万４０００人、広島県内の小中高校や特別支援学校では県立約50校、市立約90校が休校になり、保育園もＧ７主会場のある元宇品町で保育園が休園、それ以外の保育園では保護者に登園自粛を求めたそうで、放課後の児童クラブも休みとなり「コロナ禍の再来」だったようだ。交通規制、交通渋滞、大手企業の工場休業、一部の百貨店やスーパーの時短やイベントの自粛、さらに春の観光・修学旅行シーズンだったにもかかわらず、サミット期間中は仕入れ先の業者が休むので営業できないと小規模観光業者は訴えていたし、それは小規模飲食業でも同様だった。しかも彼らに休業補償はない。アルバイトやパート労働者への影響も大きかった。

また日本ジャーナリスト会議（ＪＣＪ）広島支部の井上俊逸氏の記事（『ジャーナリスト』783号、2023・6・25）によると、各国首脳の滞在先や訪問先での立ち入り制限、彼らが移動するときの交通規制も大規模に行われた。主会場となったホテルのある広島市南区元宇品地区や世界遺産の厳島神社のある廿日市市の宮島では、住民と業務で入る必要のある人には識別証を交付し出入りを認めるが、それ以外の観光客などは出入りできなかった。こういう制限には法的根拠はないと指摘したのは田村和之氏（広島大学名誉教授）であった。ＪＣＪ広島支部の会員が廿日市市や外務省など関係各方面に問い合わせると「法的根拠はありません。規制はあくまでお願いです」との返答だったそうだ。そこで会員は規制の始まった5月18日の午後に宮島へ渡るフェリー乗り場に行った。田村氏も同行されたようだ。そして外務省職員とやりとりした結果、識別証なし、本人確認なし、手荷物チェックを受けただけで宮島に行くことができたという。識別証の発行は外務省だそうだから、政府の指示があったとみてまちがいない。

また広島市南区の住民には、期間中の外出をひかえてほしいと、派出所のおまわりさんが一軒一軒家庭訪問をして依頼していた。南区の住民であるわが家にやってきた警官も同様だった。

タクシーも期間中は一般客の予約はお断り。しかし期間中に上京を考えていた私は、大都市ではなくても100万人以上の人が住んでいる広島だから、予約できる会社があるのではと思って探しはじめたが、疲れて途中で探すのをあきらめた。上京はできなかった。

警備態勢の実態や市民生活への規制内容については、もっと解明してほしいが、同時に軍事強化をねらう日本政府に悪用されないか心配である。Ｇ７サミットが核抑止力にこだわるなら、核なき世界はますます遠くなろう。被爆者は、はっきりいってG7サミットは失敗だったと思っている。拒否権を使うロシアに何の手も打てない国連は、今後どうするつもりか。NATO（北大西洋条約機構）諸国の核兵器とロシアの核兵器、どうして一方の核兵器はOKで、もう一方の核兵器はいけないのか。問題はまだまだ多い。

# 世界の政治家に進めてほしい「核なき世界」

広島県原爆被害者団体協議会・理事長　箕牧智之

G7広島サミットの開催が決まってから、その日を心待ちにしておりました。広島にとって、歴史的な出来事です。被爆地・広島での開催ということで、核兵器や平和のことが話題の中心になることを期待していました。よく考えてみるとG7だけで世界の核廃絶は不可能です。世界中の政治家が一致協力して取り組まないといけません。

**私の被爆体験**

私は1942年、東京都で生まれました。東京大空襲を機に、父のふるさとである広島に疎開してきました。原爆が投下された1945年8月6日当時は、3歳でした。爆心地から約17㎞離れた現在の広島市安佐北区の自宅の前で遊んでいました。雷のような光が、目の前にピカッと光りました。夕方、ボロボロになった人が大勢避難して来ました。ある女性は、「この桃の缶詰を開けてください」と母に頼んでいました。子どもの私の目にも、それは異様な光景に映りました。

国鉄広島機関区へ勤務していた父は、広島駅の地下更衣室で着替えている時に被爆しました。地上へ出ると、あたり一面は火の海、沢山の人が倒れ、焼け死んでいたと言います。建物は燃え、人間は焼けただれている。どうすればいいのか、パニックになったと後に話してくれました。

「広島駅に勤めている父さんはどうなっているのだろう」。心配した母は、私と1歳の弟を連れて、広島駅を目指しました。火に飲まれる街、行き倒れる沢山の人々を目にしながらさまよい歩き、疲れ果てて帰ってきました。東京から疎開してきたばかりで、母には広島の地図さえわからなかったのです。

6日も7日も、父は帰ってきませんでした。8日にも広島市内へ探しに出たものの見つからずやむなく帰宅すると、なんと父が帰っていたのです！　その時は、泣いて喜び合いました。父は、広島駅から芸備線沿いの山を、とぼとぼ歩いて帰ってきたということでした。

父を探すために入市被爆した私と弟は、どれだけの放射線にさらされていたのだろうと思います。小学5年生の時、原因不明の病気にかかって高熱にうなされ、「不治の病かも」と思いました。4カ月で回復しましたが、近所からは「あの子は身体が弱い」という評判でした。

## 戦争だけはしてほしくない

被爆者の先輩たちのバトンを受け継ぐ形で、20年ほど前から平和運動に携わってきました。2010年にはNPT（核拡散防止条約）の再検討会議に参加するため、ニューヨークを訪れました。

私がアメリカで被爆証言をする時にはまず、1941年12月8日、旧日本軍がパールハーバーを奇襲攻撃し、多くの人を殺害したことについて「日本国民として謝罪します」と述べてから、原爆被害の話をするようにしています。ワシントンの市民集会で話した時、若いアメリカ人女性が駆け寄ってきて、手紙を渡してくれたことが忘れられません。そこには、「アメリカでは原爆投下を正当化する論調がある。多くの人を救ったと。しかし、謝らないといけない」と書かれてありました。私の「謝罪」を聞き、感動してその場で書いて渡してくれたようです。アメリカを責める気持ちはありません。だけど、原爆投下を正当化している社会の風潮は改めて頂きたいです。

世界は混迷の時代を迎え、第三次世界大戦に突入しないかと心配しています。お互いに助け合うという常識に立ち返らないと、人類も地球も生きてはいけないことを政治家は気付くべきです。

核兵器は全世界に、1万2000発以上あると言われています。地球はまさに、SOSの状態にあると思いませんか？　世界の政治家には、核兵器が人類にとって大きな敵であることを知ってもらいたいです。平和公園を歩いていると、「戦争だけはしてほしくない」という古老の叫びが聞こえてきます。

## 「核なき世界」の実現を願う

「広島ビジョン」は、広島と長崎の被爆者に思いをはせた文書といえますか。核兵器の扱いを巡っては、いかなる国にも厳しく、そして等しく対応するべきです。G7各国が持つ核兵器も許されるべきではありません。「広島ビジョン」で核抑止論が主張されたのは残念でした。G7首脳は、国連で採択された核兵器禁止条約を無視しないでください。広島を訪れて、核兵器のことを本気で考えた国々には、11月に開かれる核兵器禁止条約締約国会議に出席する義務があるのではないでしょうか。

私はサミットの開催前からG7首脳に対して、原爆資料館を見学し、被爆者に会って話を聞くよう求めてきました。内容の詳細が公表されなかったことはとても残念ですが、とにかく一人でも多くの人たちに、広島の惨状を感じ取っていただけたことを願います。核兵器が使われたらどんなに大変なことになるか、学んでいただきたいのです。

私たち被爆者がいなくなった後も、「あの時のサミットは良かった」と言えるような歴史が積み重なっていくことを願います。平和な世界が続くように、G7首脳をはじめとする世界の政治指導者たちには、努力を続けてもらいたいです。世界各国が協力し、「核なき世界」が実現するよう心から願っています。

# 「平和サミット」で奇しくも感じた「戦争の空気」

フリーランス記者（元朝日新聞記者）　宮崎園子

## 手足を縛られ、目隠しをされた広島

「全国警察車両博覧会in広島」。２０２３年5月19日から3日間にわたって開かれたＧ７広島サミットを振り返って、真っ先に出てきた表現だ。北海道警から沖縄県警まで、全国各地のパトカーや白バイ、人員輸送車などの警察車両がずらりと並んだ大通り。サミットの影響で休校となった小学生の息子は、終始大はしゃぎでカメラを向けていた。わたしのｉＰｈｏｎｅには今も、大量の警察車両写真が保存されている。

「国家権力見本市２０２３」。そんな表現もありかもしれない。非日常で妙な緊張感が張り詰めた空気の中、生活のさまざまな局面で実に多くの規制や制限、指示が降りかかる一方で、それをひたすら受け入れることに慣らされていく日々だった。

開幕2日前の夜、原爆ドームの前を歩いて帰宅途中、他県からの応援組の警察官に「部外者の方は迂回してください」と指図された。県外から来た人に「部外者」呼ばわりされたわたし。核兵器廃絶と世界平和を願う、広島の市民は蚊帳の外ということか。

各国首脳の広島入りが始まってからの市内中心部はまさにカオスだった。現場の警察官にすら直前まで知らされない要人の皆様のスケジュールに合わせ、朝早くから深夜日付が変わる頃まで規制は重なり、わたしたち市民は終始振り回され続けた。信号待ちをしていたら、一瞬のうちに横断歩道が封鎖され、足止めを喰らう。いつ頃解除するかを聞いても「わからない」。迂回先での規制状況を聞いても「向こうで聞いて」。

平和記念公園の周囲には、内側の様子をうかがいしれなくなるように目隠しをした形で、背丈を超える高さのフェンスがぐるりと設置され、外務省の名で「静穏保持指定地域」と赤字で書かれた警告が貼られていた。公園を所有・管理するのは広島市ではなかったか。

さらには平和記念資料館。地面から天井までガラス張りの壁が、内部が見えないように全体的に目隠しされていた。わずかの時間、首脳たちの前で自らの体験を語ることを任された被爆者は、証言の詳細について口外しないように指示された。資料館長ですら、首脳たちの見学の様子について「政府行事なので」と口をつぐんだ。首脳たちはいったい、何を見て、何を聞いたのか。情報がないのに、「被爆の実相」に触れてもらったと、どうして言えるか。

国家権力って、いざとなればわたしたち民衆の生活をいかようにも制限できるんだな。広島の公職者の言動までも、コントロールする権限があるんだな。おそろしい。

## 広島市民が求めたのは「サミットのレガシー」なのか

「G7サミットが広島で開かれた」

「核保有国の首脳が平和公園で献花した」

「G7で初めて核軍縮に特化したビジョンが発表された」

わたしたち広島市民は、そういう、表層的な「事実」が欲しかったのだろうか。

その表層的事実を「レガシー」として誇り続け、それによって、広島を訪れる人が増えたとして、それを「サミット効果」として歓迎し続けるのだろうか。

自らのまちを「被爆地」と名乗り、「被爆体験の継承」を自らの使命と認識し、「ヒロシマの心」なるものを訴えてきた市民なら、「核兵器は、それが存在する限りにおいて、防衛目的のために役割を果たす」というその一文は、決して受け入れられないフレーズだと認識するリテラシーは持ち合わせているはずだ。それは、G7サミットに関するあらゆる肯定的評価をすべて吹っ飛ばすほどの破壊力があった。

あれだけの生活の不自由を強いられ、あれだけさまざまな場所に塀やら目隠しやらをされ、それでもサミットをありがたがろうとしても、核抑止論を肯定する文言が広島の地から発出されたという一点があるだけで、それはわたしにはできない。

わたしたち広島が訴えてきたのは、果たして「被爆の実相」「核兵器の非人道性」だけなのか。原子爆弾投下、そしてそれによってその年の末までに14万人もの人々が殺され、なんならその数すら、78年が経った今でも確定できない。そんな理不尽を経験させられたわたしたち広島、そして長崎は、国家権力の暴走の結果を背負わされたまちにほかならない。核兵器以前に、権力の横暴を否定するのが、広島の責務だったはずだ。

そこに立ち返った時、サミットのあらゆる生活影響や言論の不自由を粛々と受け入れたわたしたたちの広島はもはや、「被爆地」でも「平和都市」でもなく、単なる「広島選出の総理大臣のお膝元」に成り下がってしまったような気がしてならない。

## サミットで感じた「戦争に向かう社会の空気感」

「広島平和サミットと言ってもいいのではないか」。松井一實・広島市長は、サミット直後の定例記者会見で、そう語った。

これまでの取材で出会った被爆者や戦争体験者たちは、核兵器のない世界を訴えながら、それを見届けぬまま次々に亡くなっていった。核兵器の非人道性とともに、戦争に向かう社会の空気の恐ろしさを彼、彼女たちからずっと聞かされてきたわたしからしたら、サミットは、皮肉にも「戦争っぽい雰囲気」を感じさせてくれたイベントにほかならない。

国家総力戦の遂行のため、国家のすべての人的・物的資源を政府が統制運用できることを規定した「国家総動員法」とか、「国の非常事態下で起きた身体や財産の被害は、国民が等しく受忍（我慢）しなければならない」という、いわゆる「受忍論」とか。戦時下そして戦後史に出てくるそうしたフレーズについて「こういうことか」とその雰囲気の一端を感じることができた。サミットへの異論を表明する声も上がったが、「盛り上がりに水を差すな」と言わんばかりの圧力にかき消された。

どなたかが言っていた。「広島は昔から『国策の優等生』だから」。別の人が言っていた。「原爆は広島を破壊し尽くしたけど、『軍都根性』だけは焼け残った」。権力に唯々諾々と従うのが、「平和都市」広島の模範的市民のありようか。もう声のない「国策の犠牲者」たちに代わって声をあげ続けるのが、広島の人間のすべきことだと、わたしは信じている。

## 66回目の平和行進で核廃絶訴えて、元気に行進

「2023国民平和大行進」通し行進者、新日本婦人の会広島県本部　村上厚子

### やりがいを実感しながら平和行進中です

私は今「2023原水爆禁止国民平和大行進」の東京－広島コースの通し行進者として行進中です。この平和行進は、1958年6月20日、一人の宗教家が核兵器禁止を求めて、広島から東京に向かって平和行進をしたのが始まりです。行進は東京に着く頃には約1万人に膨れ上がっていたと言われています。

その後、全国11の幹線コースで、原水爆禁止世界大会が行われる広島、長崎を目ざして行進を続け、今年は66回目となります。

私が歩いている東京－広島コースは、5月6日東京夢の島を出発して、1都2府9県を行進し8月4日平和公園に到着する91日間の行進です。県内（府内）の自治体を訪問しながら、雨の日も炎天下の日でも、核兵器なくそうとアピールしながら歩き続けています。

核兵器禁止条約が発効されて2年半、〝核兵器と人類は共存できない〟〝核兵器はなくすしかない〟という世界の流れに対して日本政府は背を向けたままです。条約に参加する日本政府を求める署名や議会での意見書を可決する自治体がどんどん増えてきている中での今年の行進はとても重要で、

平和行進中の筆者（先頭の人物）

やりがいを実感しながら東京、神奈川を行進して来ました。

### 広島サミットに失望と怒りが沸きあがって

さらに、静岡からは行進の空気が変わって来ました。G7サミットが開催された5月19日はちょうど静岡に入った日でした。訪問先の行政側の挨拶で、G7サミットに触れたものであっても、「核兵器廃絶に向け前進があった」という、メディアが報道するままを述べていました。私は、当初は「サミットへの評価はいろいろあると思いますが…」と前置きして話していました。

しかし、話しているうちに岸田政権に対する怒りが大きくなり、「被爆地ヒロシマを利用しただけであり、被爆者・市民からは失望と怒りが湧き上がっている」「岸田首相が〝失敗だった〟と後悔するよう、この草の根の平和行進を大きな運動にしていきたい」と訴えてきました。

各地の主催者（実行委員会）からの訴えも被爆地ヒロシマの怒りに呼応するものになってきました。平和行進に対する自治体の対応はさまざまです。首長代理が激励メッセージを代読するのが主流ですが、首長自ら自分の言葉で挨拶する所もあり、感動しました。

## 平和であることは命と人権と地域の安全を守ること

滋賀県米原市長の挨拶は、軍備増強に怒り、「一体どれだけ増やすのか、地方は疲弊している。平和であることは命と人権と地域の安全を守ることだ。違法である核兵器をなくそうと、みなさんとともに闘っていく」と平和行進にエールを送りました。

岐阜県関ケ原町長は、「核を保有している国が自分たちはいいが、他の国は持ってはいけないと核抑止論を公然と振りかざすことはあってはならない」と述べました。議会からも愛知県津島市議会議長は市議会で「非戦・非核宣言」を決議した時を振り返り、自民党幹部から「核廃絶に自民も共産もない。人類の悲願だ」と声があがったと言われました。

一方で訪問を拒否する自治体も少なからずありました。中には庁舎敷地の使用もだめという所もあり、そこは庁舎前の歩道でスタンディングをして次の目的地まで行進しました。

地域の状況も自治体の対応も実にさまざまですが、首長や議員を選ぶのは私たち有権者です。〝核兵器廃絶〟〝新しい戦前にさせない〟ために一緒に取り組んでいける自治体・議会にする運動を大いに進めていかなくてはと、日々の行進で決意を強くしています。

行進はついに岡山に入りました。広島平和公園までカウントダウンが始まっています。元気に楽しく歩き通して広島に帰ります。

7月17日　岡山市内のホテルにて

# 被爆者の生活史は、核兵器の廃絶を訴える

原爆被害者相談員の会　望月みはる

私は広島県原爆被害者団体協議会で、被爆者の方から様々な相談を受けている相談員です。

## 原爆被害の実相

被爆後78年たったとはいえ、被爆者にとっては国が「基本懇答申」（昭和55年12月22日）でも言うように、「被爆後数年ないし十数年以上経過してから発症するという特異性をもつものであり、この点が一般の戦災による被害と比べ、際立った特殊性を持った被害であると言うことができる」ものなのです。被爆者は、何らかの病気が見つかった時に必ず「原爆のためじゃあないだろうか」という不安を持ちながら生きておられるのです。そしてまた、自分だけではなく子どもが、或いは孫が何らかの疾病が出た時も、その不安は自分の時よりも更に強くなります。

このように、被爆者にとって原爆の後遺障害への不安は78年が経過したからと言って決しておさまるものではありません。同時に疾病だけではなく、被爆をしたことによって様々な被害がその後の生活の上に現れています。

私が最近相談を受けたＫさん。この女性は、被爆当時２歳で６人兄弟の末っ子として市内で生ま

れました。母の体が弱かったため母の里の郡部に疎開し、被爆数カ月前に母は亡くなりました。父は被爆当日市内に仕事で行って即死しました。ご本人は当時のことをほとんど記憶していませんでしたが、その後面倒をみてくれていた年の離れた姉が結婚したため、今度は兄が世話をしてくれました。しかし、このKさんは原爆の影響か体が弱く、小さい頃から何度も入退院を繰り返していました。そのうち兄も結婚し面倒をみられなくなったために、7歳の時、兄の知人の所に養女に行かされ、以後15年間兄弟とは全く行き来がなく一度も会うことはなかったそうです。

その後も病気は続き、心臓が悪いとの診断で、走ることも、また水泳も禁止されていました。養女に行った先では、体が弱かったことで随分つらい思いをされていました。これについては詳しくは話されません。その後成人してから兄弟に会うことはありましたが、今ではその兄弟もみんな亡くなられました。

このKさんにとっての、78年間の戦後は今でも話すことすらできない苦しいものなのです。これが、本当に「国を挙げての戦争による『一般の犠牲』としてすべての国民がひとしく受忍しなければならない」(基本懇答申　原爆被爆者対策の基本理念(1))ものなのでしょうか。私にはどうしても納得できません。

日本政府は、戦争をおこし、多くの国を侵略したことへの謝罪も賠償もしていません。そして、同時に被爆者を含む戦争被害者への謝罪も賠償もしていないのです。

## 「黒い雨」被爆者の運動

この度の原爆「黒い雨」裁判では広島地裁（2020年7月29日判決）、広島高裁（2021年7月14日判決）いずれも非常に画期的な判決が出されました。判決の中で、被爆者の定義を「たとえ黒い雨に打たれていなくても、空気中に滞留する放射性微粒子を吸引したり、地上に到達した放射性微粒子が混入した飲料水・井戸水を飲んだり、地上に到達した放射性微粒子が付着した野菜を摂取したりして、放射性微粒子を体内に取り込むことで、内部被曝による健康被害を受ける可能性があるものであったこと（ただし、放射線量を推定することは非常に困難である。）」としています（高裁判決）。

2015年11月提訴からすでに6年が経過していました。高裁判決では明確に「内部被爆」という文言で原爆被害を認めています。その後上告するなという強い反対運動の結果、菅首相は上告を断念しました。しかし、その談話の中で『「内部被爆」の健康影響を、科学的な線量推計によらず、広く認めるべきとした点については、これまでの被爆者援護制度の考え方と相いれないものであり、政府としては容認できるものではありません』と述べています（令和3年7月27日「内閣総理大臣談話」）。

容認できないのであれば、なぜ上告しないのでしょうか。そして科学的な線量推計というなら当然被爆者の側に押し付けるのではなく、政府自らが数字を出すべきものではないでしょうか。

政府のこのような姿勢が、その後の「黒い雨」原爆手帳申請に、引き続き足かせとなり、再び高齢の被爆者23名は第2次訴訟に立ち上がりました（2023年4月28日提訴）。

## G7「広島ビジョン」

G7に参加したバイデン米大統領の横には常に「核のボタン」を持つ随行者がついており、広島平和資料記念館にも持って入りました。これは私たち日本国民、とりわけ被爆者を明らかに冒とくする行為です。「核のボタン」を片手に、慰霊碑の前で何を祈ったというのでしょうか。

このアメリカこそが広島と長崎に原爆を投下し、それによって戦争を終結させたと豪語しているのです。1958年2月アメリカのテレビ番組「See it Now」の中で、すでに退役していたトルーマン元大統領は「私はヒロシマ、ナガサキの原爆攻撃を指令した後に、良心の呵責を少しも感じなかった。これからも万一の場合は水爆の使用は確かだ」と言っています。これに対して当時の広島市議会では二度、トルーマン宛に抗議文を送っています。

この姿勢は、核のボタンを常に携行していたバイデン大統領にも相通じるものではないでしょうか。「核兵器は、それが存在する限りにおいて、防衛目的のために役割を果たし侵略を抑止し、並びに戦争及び威圧を防止すべきとの理解に基づいている」と「広島ビジョン」は述べています。ロシアや中国をはじめとする国々の核は「あらゆる核兵器の実験的爆発又は他の核爆発を行うべきではないとの見解において断固とした態度をとっており、それを行うとのいかなる威嚇も非難し、包括的核実験禁止条約の発効もまた喫緊の事項である」と言いつつ、アメリカをはじめとするG7の側の国なら核兵器は防衛目的で許されるというのです。核抑止力は、いかなる国であっても恐怖を前提とした、明らかな脅しなのです。

唯一の戦争被爆国である私たち日本の国民は、世界中の核兵器を廃止して、戦争や原爆のない世界を子どもや孫たちに手渡していく責任があります。そのためにも日本政府に、核兵器禁止条約に署名、批准することを強く求めていきましょう。

# 被爆地ヒロシマから大軍拡NO!
## 子どもたちに平和な未来を!

新日本婦人の会広島県本部会長　森　眞理子

### 物の言えない怖さを感じて

5月19日から21日まで、被爆地広島で主要国首脳会議「G7サミット」が開催されました。「G7広島サミットを考えるヒロシマ市民の会」の構成団体に、新日本婦人の会広島県本部として加わりました。新婦人は「広島サミットを軍事同盟強化の場にさせてはならない」と警告し、岸田首相に議長国として唯一の戦争被爆国にふさわしいイニシアティブの発議と、日本のジェンダー平等と人権を国際基準に引き上げることを要請していました。

G7広島サミットに広島県と広島市で260億円の税金が使われました。いや、もっとそれ以上になっているのではないか? 広島のローカルニュースは、G7サミットまであと何日、あと何日とまるでお祭り騒ぎのよう、会場になるホテルの食事のもてなしのことばかり放送されていました。また警備で全国から動員された警察官2万4000人、町は物々しい空気に包まれていました。

サミットテロ対策のためと、とんでもないことに広島の木、キョウチクトウをバッサリ、川沿いにあった被爆樹木の桜の木まで切り倒されました。何かやりきれない気持ちになりました。

交通規制で、中心部の学校は休校、給食は停止、市民生活は我慢ばかりさせられました。パートや非正規で働く人たちは、会社が休みになり休んだら給与収入が減り、それでなくても物価高騰で生活が苦しいのにサミットが追い打ちをかけました。市民に対しては何の保障も予算もありません。いつの間にかこんな風に、物の言えないようにさせられていく怖さを感じました。

## 「はだしのゲン」「第5福竜丸」削除はなぜ

G7サミットの前には、「ひろしま平和ノート」から「はだしのゲン」「第5福竜丸」が削除されました。広島市教育委員会は「はだしのゲン」を否定するわけではないとは言いますが、ではいったい、なぜ、誰が決めたのか？　広島の平和教育の後退でしかありません。

核軍縮に関する「G7サミット首脳広島ビジョン」は、核抑止論肯定を宣言したうえに、核兵器廃絶は「究極の目標」とし核兵器禁止条約についても一言も触れていません。被爆地広島の地で世界に向けて発信した「広島ビジョン」は絶対に許されません。

岸田首相は広島選出の総理なのに、あまりにも被爆者、広島市民を冒涜していると思いました。広島で開いた意味を考えていないと思わざるを得ません。

サーロー節子さんは、「G7広島サミット」は「大変な失敗だった」と言われました。どれほど、失望されたことかが伺えます。

## 戦争する準備ではなく平和の準備を

「新日本婦人の会」は会の一番の目標に、核兵器の危険から女性と子どもの生命を守ることを掲げて今年61周年になります。創立当初は広島の新婦人の中には多くの被爆者会員がいました。今年も新婦人広島県本部が発行する被爆体験集「木の葉のように焼かれて」57集が出来上がりました。核兵器廃絶の願いを込めて。

そしてサミット後には、パールハーバーの真珠湾公園と広島平和公園との姉妹公園協定が6月29日に結ばれました。市民に議論の時間を与えずにあまりにも突然のやり方は，被爆者、市民をないがしろにしています。

新日本婦人の会広島県本部が発行し続けている
被爆体験集「木の葉のように焼かれて」第57集

G7サミットが開かれている最中に、国会では軍拡財源法案が強行されました。メディアが詳しく報じないようにメディア操作されています。悪法が次々と数の力で押し切られていくこの国は戦争する国づくりに5年間で防衛費43兆円。43兆あれば、学校給食無償化、子ども医療費18歳まで窓口負担無償に、大学学費を半額にできる。高齢者医療費負担を1割にと。命と暮らしに税金をまわせます。

大軍拡、大増税NO！　戦争する準備ではなく平和の準備を。今、声をあげなければ取り返しのつかない事態になってしまいます。未来を生きる子どもたち孫たちのために、大きな声をあきらめることなくしっかりあげていきましょう。

# 「安保3文書」強行で、増強に拍車がかかる呉基地の現状

呉地区平和委員会事務局長　森　芳郎

## はじめに

岸田政権は「国民の命とくらしを守るため」という口実で、敵基地攻撃能力（反撃能力）保有など盛り込んだ「安保3文書」を閣議決定しました。「国家安全保障戦略」と「国家防衛戦略」「防衛力整備計画」からなる「安保3文書」は、日米軍事同盟をさらに強化し、日本を「戦争する国」へ突き進ませるものです。米国が始めた戦争に、日本は武力攻撃を受けていないのに、自衛隊が米国を支援するため、相手国領内に敵基地攻撃をすることが可能になります。「専守防衛」が完全に有名無実となります。

「安保3文書」強行によって、海上自衛隊の役割が強まり、呉基地は、艦船や施設の増強がこれまで以上につづき、さらに危険な「軍事基地」になります。

## 核攻撃にも耐えられる自衛隊施設の「強靭化」計画

いま岸田政権が、日本全国283地区の自衛隊基地、防衛省施設を核兵器をはじめ、放射性物質、爆発物などによる攻撃に耐えられるよう建物を「強靭化」する計画を明らかにしています。日本が「安

保3文書」強行による敵基地攻撃の行使に伴う報復攻撃されることを想定して、建物の構造強化や地下化など進めようとしています。こうした計画を岸田政権は国会にも国民にも知らせず、一方ではゼネコンに計画を説明し、発注の準備まで進めています。岸田政権は、「強靭化」する予算として2023年度から10年間、前半の5年間だけでも4兆円を計上し、工事が本格化する後半5年を含めれば膨大な財源を「強靭化」に注ぎ込むことになります。

「強靭化」の対象地区として、広島県では3地区があげられていて陸上自衛隊の海田13旅団駐屯地と、江田島の第1術科学校、呉の呉地方総監部が入っています。海上自衛隊呉地方総監部は太平洋戦争の末期に、米軍からの空爆に備えて総監部の建物の下に地下壕を掘っていた経緯があり、完成する前に終戦を迎え、それの活用なども想定されます。防衛省の中四国防衛局が最近出した資料によると、呉基地関係の設備解体や防災対策などとして20億円の事業費を見込んでいることがわかっています。

## 大麗女（おおうるめ）島に「大型弾薬庫」建設計画

また、自衛隊基地などの「強靭化」と同時に、ミサイルなど敵基地攻撃兵器の保管を目的にした「大型弾薬庫」を今後10年間で全国に130棟つくる計画が示されています。そのうちの一つが呉湾内にある大麗女（おおうるめ）島ということが明らかになっています。大麗女島は、戦争中は燃料置場になっていて、島中にトンネルが掘られ、太平洋戦争末期には、ここを5人乗りの蛟龍（こうりゅう）という特殊潜水艇の建造工場にしていましたが、すぐに終戦を迎えたため完成したのは5～6隻だっ

呉の海上自衛隊基地と大麗女島を望む（筆者撮影）

たようです。

現在の大麗女島は、海上自衛隊の弾薬庫になっていますが、どういう弾薬がどのくらい貯蔵されているかは明らかにされていません。面積約2万3000㎡の小さな島ですが、強靭化計画では、2年間かけて予算2億円で火薬庫新設等の調査を行なうとしており、現在は入札業者を募っていて2023年8月はじめには測量・建設コンサルタントの業者が決まる予定です。「強靭化」の準備が着々と進んでいます。

**艦船数で最大の呉基地、さらに増強も**

安保法制（戦争法）施行から7年、いま日米同盟強化のもとで、自衛隊の米軍への従属的な一体化がますます進んでいます。呉基地の艦船増強の一つとして、潜水艦の存在があります。現在、海上自衛隊全体で保有している潜水艦は22隻ですが、そのうち12隻が呉基地に配備されています。自衛隊の潜水艦は長い間16隻体制がつづいていましたが、中国対策として「防衛大綱」で22隻体制への増強が行われました。潜水艦については敵基地攻撃能力の構想のなかで、長射程ミサイルの垂直発射ができるよう改造の計画があります。ほかに、サータスと呼ばれる高性能聴音装置を備える「音響測定艦」3隻が呉基地に配備されています。この艦は、音響センサーを用いて、どこの国のどういう潜水艦かを識別する艦です。水深500m、水域数百㎞の範囲の海中から音紋を収集するサータスシステムは米海軍の開発であるため「音響測定艦」には米軍属が乗艦し、艦の心臓部には自衛官が入れないという、まさに対米従属の典型的な艦船です。

そして、いま大きな問題になっているのが、海上自衛隊が保有するイージス艦8隻すべてに長射程ミサイル「トマホーク」を搭載できるように2027年度までに改修しようとしていることです。さらに8隻以外に2028年度までに建造費だけで2500億円以上するイージスシステム搭載艦2隻の導入を狙っています。こうしたイージス艦の呉基地配備も当然予想されます。

海上自衛隊は、140隻の艦船を保有していますが、そのうち48隻が呉基地です。横須賀や佐世保が自衛隊以外に米軍が専用水域を基地内に持っていて、その点で海上自衛隊が活用できる水域が広いことが呉基地の特徴になっています。艦船数で海上自衛隊最大の基地が呉です。

## 進む日米同盟強化、呉の艦船も参加して広島湾で日米共同訓練

敵基地攻撃能力（反撃能力）の保有が進むなか、日米一体の共同訓練が頻度を増しています。台

湾有事をにらんだ南西諸島への自衛隊や米軍の基地・施設が新設され、島嶼奪還訓練などを行っています。いま、中国は尖閣諸島の領土問題などから、太平洋、日本海への進出を年々激しくしています。原子力潜水艦や空母を配備し、軍事力も質・量とも急速に強化し、艦船数は潜水艦約70隻含めて約760隻を保有。軍事費は年間20兆3301億円（2021年度）に膨れ上がっています。こうした中国などの軍備拡大に対処するとして、自衛隊が南西諸島に配備され、さらに島嶼奪還訓練に呉基地の大型輸送艦「おおすみ」などとともに、自衛隊佐世保基地に「日本版海兵隊」と呼ばれる、創設されたばかりの「水陸機動団」が参加しています。南シナ海では、呉基地のヘリ護衛艦「かが」と潜水艦「くろしお」などが参加して、日米共同の潜水艦訓練が行われています。

こうしたなかで、今年2月21日防衛省は「海上自衛隊と米海軍との共同訓練を2月27日から3月12日までの間、広島湾で実施する」と発表しました。実際、海上自衛隊呉基地の輸送艦「おおすみ」と米海軍の揚陸艦「グリーン・ベイ」が参加し、それぞれ搭載の揚陸艇「ＬＣＡＣ」を相互乗入れする訓練を行いました。

こうした計画を受けて広島の平和団体を中心に「訓練」の中止を国に申し入れるよう県知事宛ての要請を県庁に出向いて行いました。また呉地方総監部へも「広島湾で実施予定の日米共同訓練については、核被害を受けた広島、民間船舶の安全面からも中止を求める要請書」を持参し中止を強く要請しました。3月1日には「憲法と平和を守る広島共同センター」など5団体が、浜田防衛大臣に対し「共同訓練の即時中止」の要請を日本共産党・仁比参院議員の同席を得て防衛省と緊急の交渉を行い、広島会場（ロードビル）からも多くがオンラインで交渉に参加しました。こうした中止を求める要請行動もあって、広島湾での日米共同訓練は2月27日の1日だけでした。

## 空母化が進む「かが」が、反撃能力の先兵に

憲法違反の「敵基地攻撃能力（反撃能力）」の保有、その敵基地攻撃能力の先兵になるのが、呉基地に配備されているヘリコプター護衛艦「かが」です。2015年3月、横須賀基地に配備されている「いずも」は、すでに第1次改修を完了しています。呉基地の「かが」は、昨年（2022年）3月から呉基地に隣接するJMU（ジャパンマリンユナイテッド）呉造船所のドックで第1次改修工事を行い、今年4月には飛行甲板前端部の拡張工事などが終了しています。第1次改修のあと、2026年度から27年度にかけて、F35B戦闘機着艦スポットの耐熱性強化や甲板最前部の四角形化などの改修が予定されています。改修した「かが」などが搭載するF35B戦闘機は、トランプ米大統領（当時）と爆買いを約束し、42機という大量購入を予定。安倍首相（当時）は、「かが」は改修しても、「F35Bを常時搭載しないから攻撃型空母ではない、我が国の防衛、大規模災害などの任務に従事する多用途運用護衛艦」だと言い逃れしていました。

## おわりに

呉基地は、現在でも米軍の艦船が呉港に入港した際に使用する日米共同桟橋（バース）が在日米軍基地として存在していますが、1970年代から80年代後半までも駆逐艦や巡洋艦など米艦船が物資補給や親善などを目的に頻繁に入港していました。その中には明らかに核兵器を積んでいると

思われる艦船が52隻も入港しています。そのため呉地区の30の労働組合、民主団体が「非核の呉港を求める会」を結成して、当時神戸市が「核兵器を積載した艦船の神戸港入港を一切拒否する」との市議会決議した、いわゆる「非核神戸方式」にならって、呉港に入港する外国艦船は「核を搭載していない旨の証明書を提出しなければ港湾管理者は入港を拒否する」という港湾条例改正の「住民直接請求署名運動」に取り組みました（1990年7月）。結果は、呉市議会で否決されましたが、こうした経験が、その後の核兵器廃絶署名の運動や原水爆禁止世界大会の取り組みなどにいかされています。

今また呉基地の軍都復活、出撃基地化の危険が迫っています。それを許さないため岸田政権が企てる大軍拡・大増税阻止の運動が重要です。

# 被爆者は黙らない

広島市在住被爆者　矢野美耶古

サミットが終わって2カ月以上経過しましたが、国民の声を聞く耳持たない岸田首相にますます不信と怒りが募ります。

## 私の被爆体験

ここで私の生い立ちと被爆体験を書かせていただきます。

生家は神社で、曾祖母の代に、広島市の浄水場が新設されるため牛田村から埋立新開地の宇品に遷座しました。

1900年、広島地方を襲った津波の浸水で並んで建っていた小学校と共に大きな被害を受け、学校は早くに移転しました。日本の軍隊が中国東北地方で侵略戦争をはじめた1931年に旧国鉄宇品線（廃線）終点近くにあった神社は、現在地に移転することになり、蓮田と空き地ばかりだった町が、戦線を中国全土へ拡大したころには見る見る変わり活気づいて行くのが子どもにもわかりました。

今年5月19日から始まったG7広島サミットの会場となったホテルのある元宇品町は、打たせ網漁や海水浴場、島を一周する遊歩道等、市民の憩いの場でしたが、一帯が要塞地帯となり山は高射砲陣地となっていました。

1944年に女学校に入学しました。閣議決定により6月から4年生と専攻科生は軍需工場に通年動員され、夏休み明けには校舎の一部が軍隊の工場になり3年生が作業をしていましたが、（軍事機密法により）下級生は近寄ってはいけませんでした。翌年3月には校内の工場は被服支廠の疎開で閉鎖され、3年生以上は軍需工場へ動員、私たちもまともに授業を受けないまま2年生に進級し1年生が入学して学校には1・2年生だけになりました。

広島市は空襲に備え中心部（現在の平和大通り）に南北100m幅の防火帯を作るため、家屋の強制的取り壊しが行われていました。人手不足を補うため学校に残っている生徒（12歳～14歳）が動員され、私の学校は8月5日から材木町（現平和公園辺り）へ1・2年生全員が出動しました。5日の夜、私は長時間の防空壕避難中に腹痛を起こし、6日の作業を休み生き残りました。

8時15分、突然の閃光で家族は一斉に駆け出していきましたが、逃げ遅れた私は爆風で畳と一緒に吹き上げられ気が付けば床下に立っていました。家は壊れているのに爆弾の落ちた形跡はありませんでした。倒れていない神社が臨時の救護所になり、町内会の人たちで救護と避難者のお世話をすることになりました。逃げてくる人の列は途切れることなくその夜、お宮に50人くらい泊まっていました。薬など何もありませんし、家族は野宿をしましたが、夜が明けて驚いたことに無傷と思われた人も亡くなっていました。死体を放置できないので、神社と隣の保育園で亡くなった人を園庭に穴を掘り並べて焼く火の番が私の主な役目でした。その頃、放射線のことを知る人はおらず、強い放射線を浴びた人がまた放射線を発散する物体に替わるということを知ったのは、ずいぶん後になってからです。

8月15日、原爆投下された市の中心部を通り戸坂村へ疎開する途中、放置されたままの死体の異臭で街中は凄いにおいでした。その日の正午に敗戦を知り、疎開を止め、帰宅しました。翌日から同じ生活が始まり、神社の救護所は9月末日まで続きました。学校再開を聞き9月1日に登校しましたが、その日来ていた2年生は3人だけでした。

8月6日に作業に出ていた引率の先生10人、そして1年生277人と2年生264人の全滅を初めて知りました。学校は校舎の一部が倒壊大破し上級生は復興作業にあたり、人数の少ない1、2年生は現地で遺留品を探して学校に持ち帰り、その後遺族に手渡され一部が現在も平和資料館に寄贈され展示されていますが、焼けあとから掘り出された当時の生々しさはありません。

10月30日に屋根の抜け落ちた体育館で「慰霊祭」が行われました。参列された友だちのお母さんから「まじめに行った者が死んでサボった者が生きている。あなたの顔を見たくない」と言われ、私はやっぱり生きていてはいけない、今日こそ死のうと思い長時間川面を見つめていましたが、飛び込むことはできませんでした。

その後、占領下の学校生活で初めてアンケート調査（ＡＢＣＣの前身）を受けました。内容は主に思春期の体調の変化、特に生理面でした。調査をもとに呼び出され、ジープが来ると次は自分の番ではないかとみんな恐れていましたが、断ることはできませんでした。

嫌なことばかりでなく嬉しいこともありました。１９４６年11月３日新憲法が公布され、戦争の放棄が書かれていると聞いた時は例えようのない嬉しさでした。１９４８年の三回忌。この時はまだ占領下でしたから「原爆」や「慰霊」と言う文字を碑に刻むことはできないので、犠牲になった真ん中の少女が原子力を表す『Ｅ＝ＭＣ$^2$』と書かれた箱を持ち、２人の友が寄り添う姿を浮き彫りにした平和塔が学校内に建立されました。現在平和大橋西詰に移築されています。

17歳頃からよく倒れるのですが、近所のお医者さんに診てもらうと「貧血がひどいけれど異常なし」。紫斑が出るのは原爆の影響ではないかと尋ねると、「影響は２㎞以内まで」と言われましたが、そもそもお医者さんにも放射線の知識はありませんでした。救護所にいた人たちの間で紫斑が出ると死期が近いと話していたので、原爆の影響を拭い去ることはできませんでした。

高校卒業後１年間は何もする気力が湧かなくて寝てばかりいました、母親から横着者と言われていました。後にこれがいわゆる原爆ぶらぶら病だったとわかりました。

被爆者は12年間放置されていました。アメリカの核政策に追随する日本政府は被害を矮小化して

2㎞以内、それも外傷のある人だけを被爆者としていました。

20代後半に上の歯がぽろぽろ抜けて入れ歯になり、人を避ける生活が始まりました。

1964年、被爆婦人の手記集「木の葉のように焼かれて」第1集に1級下の人のことが書いてありました。原爆投下が6日でなく5日だったら私もこの世に生きた証を残すことなく消えたままだったと自分の無知を悔いました。

手記を書いた名越さんは優しく勇気のある人で、自分が被爆したために次男が白血病になったのではないだろうかと発表し、周囲から批難の声を浴びながらも「私たちは世界で初めて原爆の被害に遭いました、影響を考えなければいけない」と被爆二世問題を世に問うきっかけになりました。

被爆者の聞き書きに初めて参加した時は、なかなか口を開いて貰えませんでしたが、何度も通ううちに、原爆の影響はお医者さんが言う2㎞以内だけでなく以遠も同じ様な病気になっていることがわかりました。

手記の中で似島で救助され、お母さんが見つけて介護しながら聞いた話を書かれたものを読みました。『天皇陛下万歳』と最後に言って8月13日の朝に息を引き取ったと書かれています。敗戦の2日前です。日本の行った15年に及ぶ侵略戦争の中でしか生きることができませんでした。

## ウクライナの子どもたちと重なって

再びこのよう思いを子どもにさせてはいけない、今のウクライナの子どもたちに重なります。

先日広島で先進7カ国首脳会議が開かれました。「核なき世界」。響きの良い言葉ですが、今まさにウクライナで核兵器が使われるのではないかということの時、広島に集う人たちがやるべきことはまず核兵器禁止条約に調印すること。武器の供与ではなくどのようにして終戦させるかを話し合い、早急に実行して欲しいです。

78年前のあの日爆風によってふくらはぎ辺りに入ったガラス片が、長い間かけて今、足の裏に来て毎日痛みます。回復力がないので手術はできません。アメリカに追随する日本政府は、外部被爆の強調・内部被曝の隠蔽をしてきました。

救護活動を一緒にした人も家族も長い間自分たちは被爆者と思っていませんでした。

しかし、死体焼却の指揮をとった近所のおじさん・父・同じ部屋にいたおばさん3人とも胃がん、母は肺がんで亡くなりました。父が死亡したその日にＡＢＣＣから、研究のために解剖させてくれと言って来ました。そのことでも原爆と関係あるという思いが一層強く拭い去ることができなくなりました。軍医だった肥田俊太郎先生（自身も被爆者）は被爆者の多くに起こったぶらぶら病症候群が、湾岸戦争帰還米兵の低線量放射線被害と似ていると、『内部被曝の脅威』という著書の中に書いておられます。

私の家族はみんな内部被曝だと確信したのは60年後でした。

また、２００３年から全国で３００人以上が「原爆症認定訴訟」を起こし、法廷で臨床医・遺伝学・放射線防護学・気象学・物理学の専門の先生方が遠距離被曝、低線量被曝による影響を証言され明らかになりました。

原子雲の下では広範囲に塵や煤が降下する中で生活して、呼吸や飲食によって鼻や口から体内に取り込まれていたことが原因で、あのどうしょうもない体のだるさ、あれがいわゆる原爆症ぶらぶら病だったのだと分かり、長い間の胸のつかえがとれました。

## ふたたび被爆者をつくるな、核兵器と人類は共存できない

被爆者から集められた資料が、病気の治療のために使われるのではなく、新しい核兵器開発のために使われることに怒りを感じ、世界のどこの国の人にも同じ苦しみを味わわせたくない、ふたたび被爆者をつくるな、核兵器と人類は共存できない、核兵器は廃絶以外にない、と国内外で訴えてきました。

２０１７年７月７日、国連で核兵器禁止条約が採択されましたが、残念なことに唯一の戦争被爆国日本も核兵器保有国代表もその場にいませんでした。

あれから６年の今年５月に広島で開催の主要７カ国首脳会議（Ｇ７広島サミット）では「核なき世界」を掲げながら禁止条約にも被爆者の願う廃絶にも触れることなく終わりました。ヒロシマの政治利用は許せない気持ちです。

# 核兵器廃絶実現！となるまで生き続けてこそ

広島市在住被爆者　山田寿美子

## 2歳で両親を亡くした私は

１９４３年、私は爆心地から０・７㎞の地点にある十日市町で４人目の子どもとして生まれました。母が38歳の時の子どもでした。私の上には9歳（従姉妹）、22歳（兄、兵役）、姉2人（20歳、18歳）、乾物問屋を営み、従業員の方もおり、両親は多忙な日々の中、子どもたちとともに映画、旅行と幸せな日々を過ごしていたようです。私は全く記憶がなく、大学生となった時に長女から両親のことを初めて聞いたのです。なぜ、もっと早く聞かなかったのかと思われますが、姉たちの苦しみを思うと聞けませんでした。

私の両親は１９４５年8月6日、建物疎開の作業に出かけました。父は水主町に在った県庁へ（ほぼ爆心地に近い）。母は自宅のすぐ隣町にある土橋へ（爆心地から０・７㎞位）。私自身は姉と２人で爆心地から２・３㎞の三滝町で被爆。窓ガラス・瓦の破片で顔と頭に怪我を負いました。母はその日のうちに私と姉２人が母方の実家に疎開していたところへ帰ってきましたが、ひどい火傷とけがをし、ほぼ寝たきりの状態で8月23日に、まだ2歳になったばかりの私のことを姉たちに託して最期を迎えたそうです。父は翌日、姉２人が市内中を探して歩いたそうですが見つけることはなく、遺骨のない状態で今日まで来ています。

## 子どものころの人生は打ち消したい

戦後、私たちの兄弟姉妹、従姉妹はばらばらとなってしまいました。私の実家は全壊。そのため疎開先の近くに家を借りて生活。一間しかなく、兄は別居。次女は翌年結婚。長女は結核で入院。残るは従姉妹と2人。それでも7歳離れた従姉妹が舟入高校に受かり、住み込みで働きながら高校生活を送ることになるまでは貧乏で学校へ支払うPTA会費と給食費も払えず、不登校でした。親もいなく寂しい生活でした。しかし、従姉妹との生活には笑いがありましたが、一人となったため、そこから私は、親類での転々とした生活を送ることとなるのです。親類と言えども、ほぼ他人と同じだということを実感。4軒の親類を転々とし、酷い時は1週間、数カ月、最後の家が長く2年半くらい。家に帰りたくない生活と、親がいない寂しさ、親がいないことでのいじめ（石を投げられたり、親なし子と言われたり等々）を受け、自殺も考えたことがあるくらい、精神的につらく、80歳になった今も、親類の家を逃げ出そうとする夢を見ては目が覚めて、涙することがあります。

子どものころの人生はほぼ打ち消していきたいくらいの思い出しかありません。大人は自分の人生を切り開いて行けますが、2歳で両親を亡くした私は大人に頼らざるを得なかったのです。原爆孤児は3000人とも6000人とも言われていますが、調査がされていないので　はっきりした数字は分かりません。

## 私のような子どもを二度とつくってはいけない

日本で初めて核兵器が使われ、そのことを教訓に日本国憲法ができ、憲法9条にはいかなる武器も使用してはならないと明記されました。にもかかわらず、勝手に解釈を変えて武器を調達し、広島湾でアメリカ軍と共同演習をし、それは自分の親も含め、原爆投下で亡くなった人たちを冒とくする以外の何ものでも有りません。

私は、8月6日の灯篭流しにも行けません。もしかして父親の火傷がひどく、この川に飛び込みそのまま流されたのではないかと思うと、苦しみと悲しみで80歳になった今なお行けません。戦争で孤児となり、その後の人生を他人、親戚にゆだねる子どものころの人生はほぼ打ち消していきたいという思いは、いつまでも持ち続けて生きているつもりです。

## これ以上戦争による被害者を出していけない

今、ロシアとウクライナの戦争で親を亡くした子どもが増えていると新聞に掲載されていましたが、自身の体験上、これ以上戦争による被害者を出してはいけない思いを強くしており、核兵器使用論まで飛び出さないための行動は何か、が問われています。自分自身で何ができるかを問われたら戸惑ってしまいます。

しかし、今の世界情勢を見たとき、国連憲章（やむなき場合は武器を使用してもよい）よりも上回っている日本国憲法9条（いかなる場合での武器を使用してはならない）を守り続けることが私たち生き残った被爆者の役割であり、日本国首相には憲法9条をもって外交をしてほしい。そのことが日本国首相の役割ではないだろうかと思うのです。それを後押しするのが被爆者の役割だと思います。被爆者はそのことに目を向けて行動を起こさなければならないと思います。声を発することが大事。核兵器廃絶を、声を大にしていかなければと思います。

## 情勢は自分たちの手で変えることはできる

核兵器を使用され、戦後生き残った被爆者は78年経った今なお、精神的にも、肉体的にも苦しみを持ち続けながら生きているという実態を被爆者は声を発してゆかなければと思います。核兵器を使用したアメリカの謝罪の言葉は今もってありません。生き残った被爆者が安心して最期が迎えられることを今は願うばかりです。情勢は自分たちの手で変えることはできます。ベトナム戦争がいい例ではありませんか。打たれても打たれても戦い、アメリカが手を引かざるを得ない状態に追い込んだではありませんか。

被爆者の願いは一つ。全世界から一刻も早く核兵器をなくすこと。そのことが実現されてこそ被爆者は生きていてよかったと思えるのではないでしょうか? 核兵器廃絶実現!となるまで生き続けてこそ戦後の苦しみが報われるのではないかと思います。声を上げましょう!!

最後は、私が非常に気にかけている人々がいます。チェルノブイリ原発事故発生の10年目にウクライナへ行き、原発事故汚染処理に関わった人々やその人から生まれた子どもたちの生活史を調査しました。その時にかかわったウクライナの人たちが、今どのような生活をされているのか、被害に遭われていないだろうかと。

今は武器を援助するのではなく、和平を提案することこそが、最大の支援ではないかと思います。

# G7広島サミットは終わらない

NPO法人　ANT-Hiroshima 理事長　渡部朋子

あの喧騒は何だったのか。G7広島サミットは、被爆地・広島と広島市民に何をもたらしたのか。すっかり日常を取り戻した今も、私は考え続けています。

G7広島サミットの独立した成果文書「核軍縮に関するG7首脳広島ビジョン」には「我々の安全保障政策は、核兵器は、それが存在する限りにおいて、防衛目的のために役割を果たし、侵略を抑止し、並びに戦争及び威圧を防止すべきとの理解に基づいている」という核兵器の役割を正当化する文章が盛り込まれ、核兵器廃絶のための具体的な道筋は示されなかったばかりか、核兵器禁止条約に言及することもなく、被爆者という言葉も一言もありませんでした。「核軍縮に関するG7首脳広島ビジョン」は核抑止を肯定する文書です。

世界からこの「核軍縮に関するG7首脳広島ビジョン」はどう見られているのでしょうか。この文書によって、被爆地・広島は「核兵器廃絶」の旗を降ろしたのかと、世界の人々が考えるのではないか。私は危惧しています。

このような状況では、被爆地・広島市民の声がかき消されていく。それは78年間、核兵器廃絶のために、非暴力で積み重ねられてきた被爆者、先人たちの血のにじむような努力、運動、核被害を語る声を、消し去ることになるのではないかと思うのです。私たち広島市民には、そうさせてはならない、被爆体験の継承とともに「ヒロシマ」をしっかりと受け継ぎ、さらにその志を世界に広げて、核兵器廃絶を理想ではなく、現実のものとする義務があります。

G7サミットは、来年イタリアに議長を引き渡すまで日本が議長国であり続けます。そして今も各地で様々な会合や、市民社会の取り組みが引き続き行われています。広島でも、「みんなの市民サミット2023」の実行委員会が、振り返りの作業と今後に向けどう進んでいくのか協議を続け、最終報告書を作成すべく動いています。

国際的な七つのエンゲージメントグループのひとつ、「C7(Civil7/市民7)」のワーキンググループに、今年新たに「核兵器廃絶」というワーキンググループが新設されました。国内外の125の団体が4カ月にわたって議論を重ね、政策提言を文書にまとめ、4月12日、G7広島サミット議長である岸田首相に手渡しました。この政策提言に関わった国内外の125団体は、これからもつながり、さらにその輪を広げて、次のG7議長国イタリアにおいても核兵器廃絶の議論は続いていくでしょう。

「核兵器廃絶」のワーキンググループの中の、「グローバル・サウス」と呼ばれるアジア、アフリカの市民団体は、力強く核兵器廃絶を主張し、具体的な提案を出しています。ICANの活動も広がり、世界650以上のNGOや個人が参加し、活発にロビー活動を行っています。「C7（Civil7／市民7）」でつながった、今日の社会問題に真摯に取り組む多分野の市民社会の仲間たちは、心強い同志です。

私たちは、こうした世界中の仲間たちとつながりながら、自分たちの足元、広島でもう一度「ヒロシマ」を学びなおし、「ヒロシマ」とは何かを考え、声をあげ、政策提言し続けていく必要があります。

各国首脳は平和公園の慰霊碑の前で献花し、平和記念資料館にメッセージを残しました。しかし、私たち市民が望むのは「言葉」ではなく核兵器廃絶への「行動」です。

常に各国の動きをしっかりと見つめ、世界中の市民社会とつながって、核兵器廃絶への行動を促すため、知恵を絞りましょう。そして日本政府に対しては、核兵器禁止条約に批准すべく働きかけ、核被害者支援の先頭に立つよう、粘り強く要請していきましょう。

G7広島サミットは終わらない、終われないのです。

# 本書に寄せて

ピースボート共同代表、核兵器廃絶国際キャンペーン（ＩＣＡＮ）国際運営委員　川崎　哲

原爆で苦しめられてきた広島の人びとは、戦争を賛美し核兵器を正当化するＧ７のウソを見抜いています。そして、今日の世界で、人びとが生きる権利こそ大切なのだと力強く訴えています。本書には、広島を拠点に活動する多くの人たちによる、そのような、心のこもった数多くのメッセージが集められています。

Ｇ７は、自らを「先進主要国」と呼ぶ七カ国のことです。それは米英仏のいわゆる西側の核保有三カ国と、米国の「核の傘」の下にある四カ国――その中には日本も含まれます――の集まりです。そのうちの二カ国には、米国の核兵器が実際に置かれています。

このように自らが核兵器にどっぷりと染まった七カ国の首脳が広島に集まって「核なき世界」を訴えることじたい、皮肉なことでありました。その目標は「理想」とされ、核兵器を減らし、無くしていくための具体的な政治的約束は、なされませんでした。

かつて「途上国」と呼ばれたグローバル・サウスの国々が政治的発言力を増し、世界経済の主要事項をＧ20が決するようになっている今日、果たしてこの七カ国に「主要国」を称する正当性があるのか、疑わしくなっています。

それでも、Ｇ７が掲げている「自由、民主主義、人権」といった基本的価値、あるいは「法の支配による国際秩序」といった基本原則は、たしかに、今日の世界で引き続き重要なものです。

ところがG7は、「法の支配」といいながら、敵対するロシアの核兵器は強く非難しつつも、核不拡散条約（NPT）や国際司法裁判所（ICJ）や核兵器禁止条約によって定められ、自らに課された核兵器廃絶という法的義務を無視し続けています。

さらに、敵対する国々を「専制主義」と断じて、これに対する「民主主義」陣営による戦争は正当化しうるとばかり、軍備拡張と軍国主義に走っています。戦争こそ最大の人権侵害であるにもかかわらずです。

原爆の惨害を経て、ヒロシマは、「戦争をするな、核兵器をなくせ」と世界に訴え続けてきました。被爆地から沸きあがるそのような魂の声を、首脳たちはどれだけ感じとることができたでしょうか。短時間の平和公園訪問、原爆資料館見学そして被爆者との対面のなかで、首脳らは何らかの気づきを得たでしょうか。今回のサミットが、長期的にでも、彼らの進路変更に影響があることを願いたいものです。

今回のサミットでは、七カ国だけではなく、ウクライナを含む世界各地域からの首脳たちがヒロシマに集まりました。このことが今後の世界にもたらす影響についても注視してきたいと思います。世界を新冷戦のように分断するのではなく、戦争と軍拡の連鎖を断ち切ることにつながっていくことに、期待したいところです。

しかしそのためには、私たちが市民が、核兵器廃絶と世界平和を希求する声をあげ続けていかねばなりません。政治家たちを、私たちが導いていかなければならないのです。

戦争放棄を掲げた第九条をもつ日本国憲法は、その前文において、次のように述べています。

「われらは、全世界の国民が、ひとしく恐怖と欠乏から免かれ、平和のうちに生存する権利を有することを確認する。」

私たちは、この大目標を心の中にしっかりと置いて、一人ひとりができる市民としてのアクションをとっていこうではありませんか。

【執筆者紹介】

| | |
|---|---|
| 足立修一 | （核兵器廃絶をめざすヒロシマの会（HANWA）代表・弁護士） |
| 安彦恵里香 | （Social Book Cafe ハチドリ舎 店主、カクワカ広島発起人） |
| 岡島由奈 | （大学生） |
| 岡久郁子 | （「黒い雨」第2次訴訟原告団長） |
| 忍岡妙子 | （広島市退職婦人教職員の会） |
| 神部　泰 | （広島県労働組合総連合議長） |
| 小山美砂 | （ジャーナリスト） |
| 佐久間邦彦 | （広島県原爆被害者団体協議会・理事長） |
| 佐々木猛也 | （国際反核法律家協会共同代表・弁護士） |
| 佐藤　優 | （大学生） |
| サーロー節子 | （カナダ在住広島被爆者） |
| 瀬戸麻由 | （シンガーソングライター・カクワカ広島） |
| 高東征二 | （原爆「黒い雨」被害者を支援する会事務局長） |
| 高橋悠太 | （核兵器廃絶日本 NGO 連絡会幹事） |
| 田中美穂 | （核政策を知りたい広島若者有権者の会（カクワカ広島）共同代表） |
| 辻　隆広 | （広島県歴史教育者協議会、教科書問題を考える市民ネットワーク・ひろしま） |
| 寺本　透 | （広島市公立小学校） |
| 難波健治 | （日本ジャーナリスト会議広島支部） |
| 平岡　敬 | （元広島市長） |
| 藤川晴美 | （広島の文化の未来を考える教職員の会・代表） |
| 藤中　茂 | （広島市公立小学校） |
| 舟橋喜惠 | （広島大学名誉教授） |
| 箕牧智之 | （広島県原爆被害者団体協議会・理事長） |
| 宮崎園子 | （フリーランス記者　元朝日新聞記者） |
| 村上厚子 | （「2023国民平和大行進」通し行進者、新日本婦人の会広島県本部） |
| 望月みはる | （原爆被害者相談員の会） |
| 森　眞理子 | （新日本婦人の会広島県本部会長） |
| 森　芳郎 | （呉地区平和委員会事務局長） |
| 矢野美耶古 | （広島市在住被爆者） |
| 山田寿美子 | （広島市在住被爆者） |
| 渡部朋子 | （NPO 法人 ANT-Hiroshima 理事長） |
| 川崎　哲 | （ピースボート共同代表、核兵器廃絶国際キャンペーン（ICAN）国際運営委員） |

# 私たちの広島サミット　被爆地から核廃絶を訴える

2023年 10月1日　初版第1刷発行

編者　G7広島サミットを考えるヒロシマ市民の会
発行者　坂手崇保
発行所　日本機関紙出版センター
〒553-0006　大阪市福島区吉野3-2-35
TEL 06-6465-1254　FAX 06-6465-1255
http://kikanshi-book.com/　hon@nike.eonet.ne.jp
本文組版　Third
表紙デザイン　パンパカンパニ
編集　丸尾忠義
印刷・製本　日本機関紙出版センター

ISBN 978-4-88900-285-0